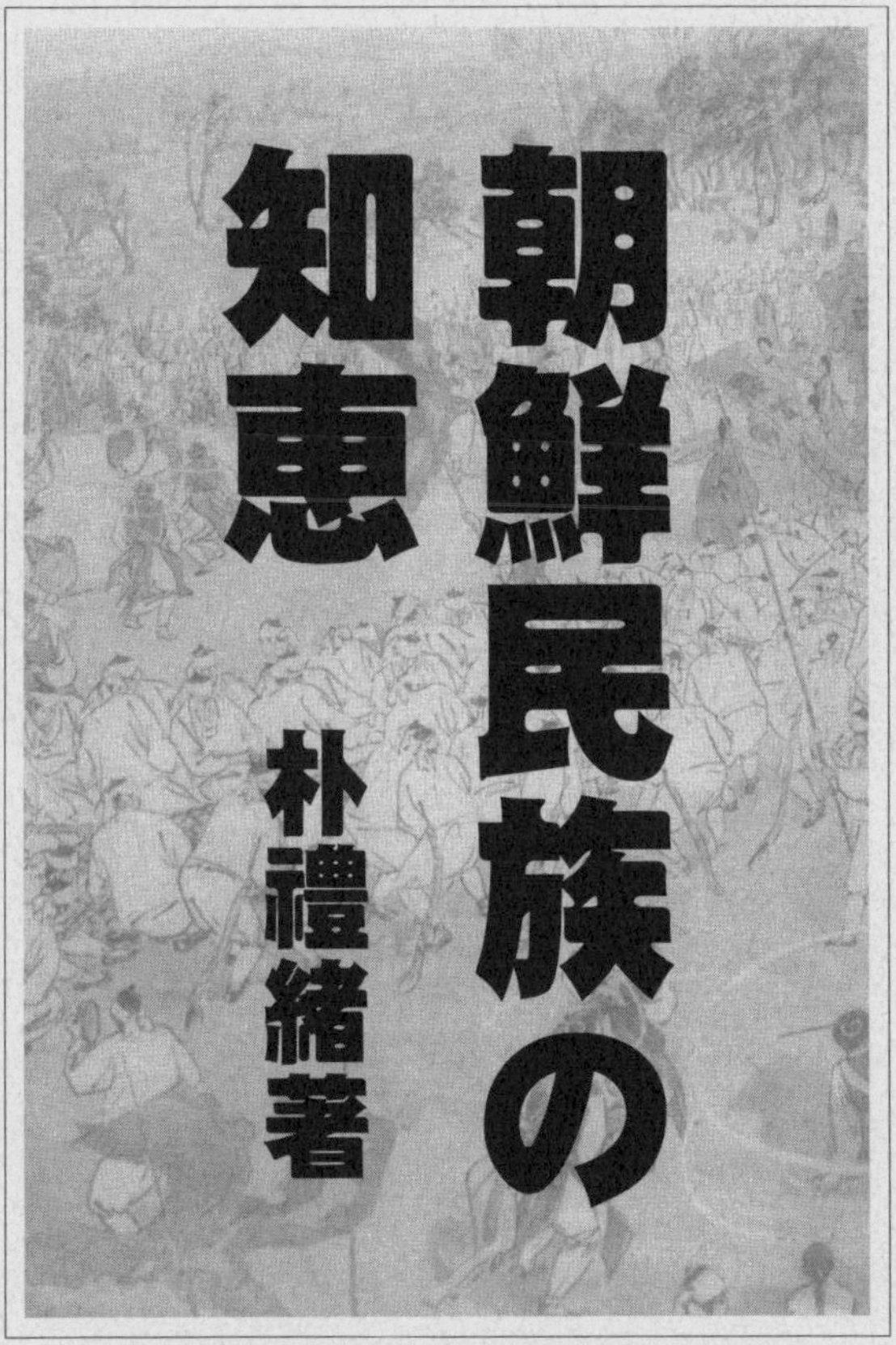

朝鮮民族の知恵

朴禮緒 著

雄山閣

はじめに

その国を理解しようとする場合、その国の文化遺産をみればよい。もちろん、簡単で早いのは歴史書を読むことであるが、歴史書は過去の変遷や興亡の記録が中心であり、あくまでも概要にすぎない。その点、文化遺産は、ある時期、ある個人や集団が、心血をそそいで作り上げた「知恵」とわざの結晶であって、人の心とぬくもりが感じられる。

この本は、朝鮮民族の衣食住などの生活文化から、歴史・教育、文学・芸術、科学・技術などの「朝鮮民族の知恵」を五つの項目に分けて描いたものである。歴史の教科書ではまったく触れられていないものや、わずか数行しか書かれていないものも、ここでは十分に取り上げている。それら一つ一つの遺産には、朝鮮民族の思想や美意識・感性、情操や趣向があざやかに投影され、まばゆいほどの輝きを発している。

朝鮮民族ほど国家・民族に対する帰属意識をもって自らの運命を切り開いてきた民族はないであろう。仏国寺の石窟庵や海印寺の『八万大蔵経』には、国を愛し、その安寧を祈願して生きた、新羅や高麗の人々の護国思想が刻まれている。綿の栽培に成功した文益漸や火薬武器を開発した崔茂宣もその動機は愛国にあった。他国では死語になりつつある「愛国」ということばは、国際化の時代である現在においても、朝鮮半島の南北では最も使用頻度の高いことばである。

朝鮮人はバイタリティのある民族である。不朽の名作『春香伝』は、女のみさおを守りぬいて生きた一女性の物語であるが、それにはこの民族の不屈の闘争心である「恨（ハン）」の哲学が貫かれている。「恨」とは、厳しい現実にひるむことなく立ち向かい、不可能も可能にせしめる闘争本能で、天才的商人集団といわれた開城商人たちもやはり「恨」の持ち主であった。

古来よりこの民族は自らを「スルギ」ある民族であると言ってきた。「スルギ」とは物事を思量・判断し、それに対処する能力のこと、つまり日本語の「知恵」のことである。現在朝鮮の文化遺産は、ユネスコの世界文化遺産に七件、記録遺産に二件登録されている。このほかに、公認されてはいないが、世界に誇る有形無形の文化遺産がじつに多い。祭事や民芸、歌や踊り・遊びごとにもこの国の人々の知恵とわざがほどこされている。

サッカーワールドカップでなした韓国のチームの快挙、それに続くアジア大会でのマラソン競技で南北朝鮮の男子と女子のアベック優勝、これはこの国の若者たちの強い意志と体力の勝利であるが、それを支えた伝統食品であるキムチや高麗人参の勝利でもあった。朝鮮民族の逞しさは、この民族の食品文化の中にその源があると言えるだろうし、それこそが朝鮮民族の文化そのものである。朝鮮の文化遺産は朝鮮をよく知るための生きた教材なのである。

さらに朝鮮の文化が日本文化に与えた影響も見逃せない。朝鮮と日本は一衣帯水の国、古来より文化的に深いつながりをもっていた。おびただしい文物が人とともに玄界灘を渡って来ている。

飛鳥の文化は古代朝鮮三国の影響をぬきにしては語れない。室町時代からはじめられた「能」や「俳句」、「茶の湯」といった伝統文化が日本固有のものと思われがちであるが、その源流をたどれば、朝鮮の文化的影響が大きいことが分かる。日本文化を正しく理解するうえでも、朝鮮の文化遺産を知ることが不可欠である。

日本には、現在、およそ六〇万人の朝鮮人が定住している。その多くが日本に生まれ育った三、四世である。民族性を失いつつある彼らにとって、朝鮮文化に慣れ親しむことはとりわけ重要な意味をもつ。本国の歴史を通して育まれた文化遺産は、在日を含むすべての朝鮮人が共有する財産であり、民族のアイデンティティーがまさにそこにある。朝鮮と日本の新たな時代を切り拓くためにも、日本の若者をはじめ、多くの人たちに朝鮮民族への理解を深める一助になることを願い筆をとった。

執筆にあたっては、多くの本や論文を参照した。その一部は参考文献として巻末に掲げたが、こうした貴重な研究成果があったからこそ、未熟ながらこの本を世に送り出すことができた。深く感謝するものである。

二〇〇二年十二月

朴　禮　緒

目次

三　究める

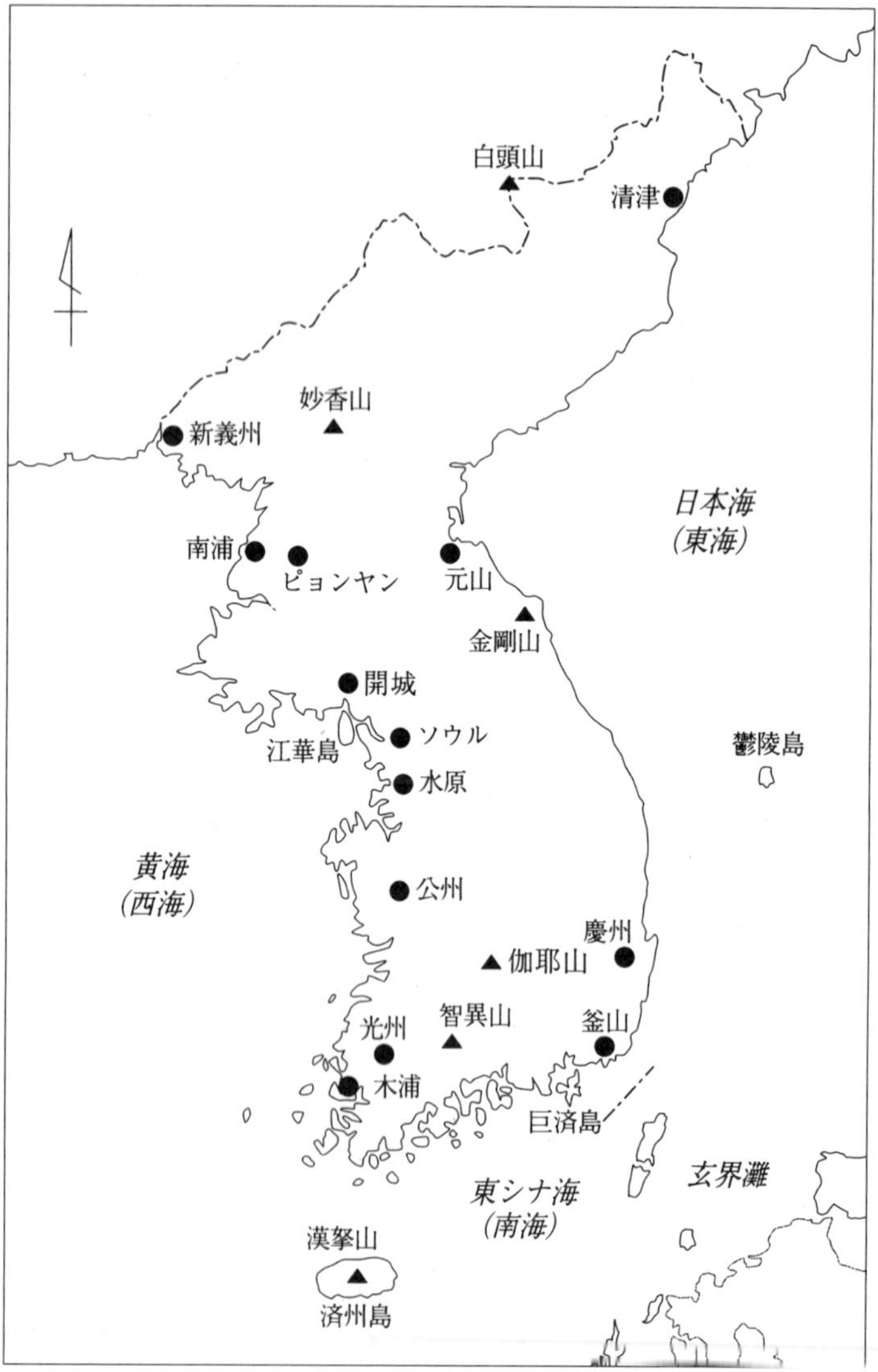
白頭山
清津
妙香山
新義州
日本海
(東海)
南浦
ピョンヤン
元山
金剛山
開城
ソウル
江華島
鬱陵島
水原
黄海
(西海)
公州
慶州
伽耶山
智異山
光州
釜山
木浦
巨済島
玄界灘
東シナ海
(南海)
漢拏山
済州島

一　生きる

●それは朝鮮女性の美しさを演出してきた伝統の衣装であった●

チマ・チョゴリ

世界にはいろんな民族衣装がある。民族衣装はことばや歴史や宗教など、文化的同質性をもつ人々が着用する着物で、民族のシンボルのようなものだ。社会の近代化が進むなかで、多くの国では、男性の民族衣装はすたれぎみだが、女性の方は今日もなお生きつづけている。女性の衣装の方が合理的でファッション性に富んでいるからなのであろう。朝鮮の民族衣装もまったく同じ傾向にある。

朝鮮の女性の民族衣装はもちろんチマ・チョゴリである。チマ・チョゴリは在日朝鮮人社会でもよく見られる。朝鮮高校の女子生徒の制服は、首筋に走るまっ白なトンジョン（線）がポイントになっている濃紺のチマ・チョゴリだ。ゆったりしながらも、清楚《せいそ》でどことなく緊張感がただよう衣服である。

チマ・チョゴリのいちばん似合う場所は結婚式場である。赤・青・黄・ピンク・緑・紫といった色とりどりのチマ・チョゴリが、式場の明るい照明を受けてまばゆいほどの輝きを放つ。実に美しい光景である。
アメリカの女流作家パールバックが慶州《キョンジュ》を訪れたことがあった。新羅の古都めぐりを終えて古風な旅荘で一泊することになるのだが、その夜、夕食の席で、女主人の迎えのあいさつを受けて、彼女はチマ・チョゴリの美しさのとりこになってしまった。女主人からすれば、この日のためにと特別に着飾ったのでなく、接客用のチマ・チョゴリに身を包んで、古式の作法に従って一礼したのにすぎなかった。しかし、作家は彼女の一挙手一投足に目を凝らした。親ゆびと中ゆびでゆったりとしたチマを軽く持ち上げ、しずしずと歩み寄り、芙蓉《ふよう》の花のなかに身を沈めるように一礼して、静かにその場を去っていく旅館の女将。見なれた朝鮮人にとってはなにげもないことであるかもしれない。しかし彼女は鋭い感性の持ち主であった。もの静かなこの光景のなかに、礼節と人情を重んじるこの民族のこころの深さを熱く感じ取ったのである。彼女はそのときの感動を同行の記者に次のように語った、と当時の新聞は報じている。

……この世の中で、もっとも素晴らしいあいさつは、夕べのあの婦人のあいさつです。チマを少し持ち上げて作られる美しい容器のなかに、おもいやりと敬意の念がこめられているのです。人も人ですが、あのチョゴリとチマの美しさは何と表現しましょう。この国の民族衣装には精神的なものさえ感じられるのです……

高句麗時代のチマ・チョゴリ
（水山里古墳壁画）

パールバックが激賞した朝鮮の民族衣装とはどういうものであろうか。

朝鮮の民族衣装は男女とも上下が分かれたツーピースの服からなっている。上衣はチョゴリ、下はパジである。女性はパジとともにチマというスカートの一種を身に着ける。朝鮮の民族衣装は、保温性と活動性を重視する北方騎馬民族系統の衣服であるという説がある。その真偽はどうであれ、はっきりしていることは、熱い夏にも寒い冬にも対応できること。この土地の気候風土にマッチしているということだ。

ちなみに、服飾文化史の点から朝鮮民族衣装をみつめると、それが非常に発達した衣服であることが分かる。衣服ははじめ身体を包む開放的なマント式のものであった。古代のギリシャ・ローマがそうであった。それが、今日の東南アジアの衣服に見られるように、腰衣・袈裟《けさ》・貫頭衣と形が変わっていくなかで種類が増えていくことになる。日本の着物も、布を多少構成的に縫い付けてはあるが、開放式のワンピースであることにちがいない。これに比べて朝鮮の民族衣装は上下セパレートのツーピースである。ツーピースは衣服の重さを肩と腰とに二分することでその負荷を軽くし、上下とも身体にまつわりついたり、引っぱられることがないから、行動の自由に適している。朝鮮のチマ・チョゴリがすたれることなく、今日も礼服として、日常服として愛用されている理由が、その合理性と利便性にあるといってまちがいない。

朝鮮の民族衣装の歴史は長い。中国の『北史』には次のような記録が見られる。

……高句麗人の服装は大袖の上着と大口の袴からなり、帯を結んでわらじを履いた。婦人服には縦縞《たてじま》が折りこまれていた……百済人の服装も高句麗のものとほぼ同一のものである……

『北史』が紹介した高句麗の服装がどのようなものであったかについては議論をまたない。高句麗の古墳壁画が一目瞭然として示しているからだ。男性も女性も上衣はチョゴリだが、女性のなかにはパジもあればチマも見られる。チョゴリは現在のものより長く腰のところで紐で結んでいる。しかし形は違ってもチョゴリとチマからなる基本構図はまったく変わりないのだ。

朝鮮では民族衣服のほかに中国の衣服が官服として取り入れられることもあった。高麗も朝鮮王朝でも官僚たちは権威の象徴として中国の官服を着用した。王朝に仕えた宮女たちも官服を身に着けたが、今日の結婚式で新婦が着る礼服がそのなごりである。しかしその官吏や宮女たちも家庭内でくつろぐときは伝統的な民族衣装であった。

民族衣装は李王朝のもとで大きな変化を遂げることになる。儒教的な発想から、上半身を小さく見せる一方で、ふっくらとした下半身を強調する風潮がおこった。そのような影響から、チョゴリはより短く縮まり、チマは長く幅広くふくらんでいった。上半身を小さく見せるためにチョゴリの下着をうすくし、その反対に、チマの下着は、内内の下着、内中の下着、外内の下着、外外の下着といったように、何枚も重ねて着るようになった。

民族衣装の彩も豊かになった。朝鮮王朝は、青・赤・白・黒・黄の五色の原色を基調とした。それは、宇宙の調和と春夏秋冬と人間の人生そのものを表す色であるのだ。この五色が衣装に取り入れられて華やかなセットンチョゴリの登場となる。

現在の民族衣装は伝統を生かして改良されたものである。極端に縮められたチョゴリはゆるく余裕をもたせ、チマも用途に応じてその長さが変わった。しかし、改良されても朝鮮の民族衣装の特徴はいささかも損なわれていない。

ここで朝鮮の民族衣装のもつ特徴について触れておきたい。

まずは衣服に包容性があることである。包容性とは、それを身に着ける人を包みこむ余裕。おおらかさ、柔軟さといってもいい。それを洋服と比較してみよう。

洋服はサイズにきびしい服である。体の部位をミリ単位で計り、寸分の誤差も許されることなく仕立てあげられる。きりっとした立体的な感じが洋服の特徴といえよう。これに対して朝鮮のチマ・チョゴリは平面的である。決められたサイズに合わせるのでなく、身にまとうように着こなすのである。身に着ける人と状況に応じて、長めにも短めにも、太めにも細めにもできるのである。

この包容性はチョゴリよりもチマの方に現れる。むかしピョンヤンの妓生たちは、状況に応じた五つの着こなし方をもっていたという。五つとは、緩・軟・浮・急・緊である。しぼりかたの具合によって、体の線を露骨に表すこともできれば隠すこともできるし、表さずとも隠さずという微妙な着こなし方も可能であるのだ。チマがかもし出す情調と雰囲気は実に多様であるのだ。前で述べたパールバックの話であ

る。旅館の女将がふくよかなチマを軽く持ち上げて歩き、芙蓉の花に隠れるようにお辞儀したといったが、それは肉線をまったく現すことのない、やさしい緩の技であったのかもしれない。

曲線の美しさも朝鮮民族服の特徴である。

チョゴリもチマもカーブからなっている。袖にカーブがある。下袖に魚の腹の曲線に似たカーブが袖口に向かって流れている。魚に似ているからとそれを「魚腹」と呼んでいる。カーブは袖だけではない。肩に流れる曲線があり、チョゴリの首筋に流れる白いトンジョンの曲線がある。胸元で結んだ長いオッコルム（結び紐）も歩けばひらひらと曲線に変わる。ふっくらとしたチマもカーブである。チマに折りこめられた直線の縦縞は、チマが揺れなびくほどにゆるやかな線を浮き立たせる。チマの曲線はさらにポソン（足袋）のカーブに伝わって終わる。

ある著名な民俗学者のことばがある。彼いわく、いくら乱暴な性格をもった婦人でも、朝鮮服に着替えればこころやさしく柔順な女性になりかわる、というのだ。曲線の美しさのゆえであろう。

チョゴリとチマの比率からくる美しさも朝鮮服の特徴である。世界でもっとも短い上着にもっとも長いスカートがチマ・チョゴリである。一般に服装の上下は、おなかの臍《へそ》のあたりを境にして上半身と下半身を分けるのであるが、朝鮮服では腋《わき》か胸のおっぱいを基準にして上下を分ける。チマは肩で止められ、腋から胸を包み、そしてゆるやかに足のかかとあたりまで流れる。チョゴ

リはそのチマの上に着ることになる。チョゴリとチマのこの絶妙なバランスは、バラの美しさと
柳のしなやかさに例えられる。

●それは朝鮮が世界に誇る発酵食品の王者であった●

キムチ

朝鮮には、「木には水を、人にはキムチを」ということわざがある。キムチ好きのこの民族の食性を的確に表したことばだ。朝鮮人の食生活でキムチは欠かすことができない。絶対欠かせないのだ。「キムチがないとご飯がのどを通らない」、「山海の珍味があってもキムチなくては美味しくない」、とは朝鮮人がよく口にすることばだが、決してオーバーな表現ではない。

今やキムチは、朝鮮半島に住む人たちだけの食品でなくなった。キムチは日本列島を席捲している。もともとニンニク嫌いの日本人が、朝鮮人以上にキムチを食べているのだ。鍋料理にも、焼き飯にも、パスタやハンバーグにも、そして、お好み焼きやもんじゃ焼きにさえ、キムチは大いに取り入れられている。キムチは今、欧米の諸国にも急速に普及している。

しかし、今になって見直されるキムチであるが、長い間、外国人に好かれなかったのは事実である。朝鮮が貧しい後進国であった、という負のイメージもあったのであろうが、キムチ自体が発するあの独特の異様な匂いが、避けられる一番大きな理由であった。キムチが匂うのはそれが発酵食品であるからだ。

朝鮮民族は古来より発酵食品を好んで食した。三大調味料といわれるものに、醬油、味噌、唐辛子味噌がある。これらはすべて発酵食品である。とくにコチュジャンと呼ばれる唐辛子味噌は、唐辛子・味噌玉・もち米・はちみつなどを混ぜて発酵させて作るのであるが、それなくして朝鮮料理が語れないほど重要な調味料である。

発酵食品は調味料に限らない。魚介類に穀類と塩を組み合わせて発酵させて作るシッケというものがある。腐らして食べる食品であるから異様な匂いをかもし出す。朝鮮人が好んで飲むマッカリという濁り酒もやはり発酵飲料水である。

世界にはいろんな発酵食品がある。日本の納豆もヨーロッパのチーズやアンチョビも発酵食品である。しかし、発酵させた野菜を食卓にのせる食文化は、おそらく朝鮮のキムチを除いて例がないのではなかろうか。日本におしんこがあり、中国にザーサイがあり、ヨーロッパにピクルスがある。それらは漬け物であって決して発酵食品とはいわない。

キムチ甕のある風景

世界の最長寿国はブルガリアである。ブルガリア人の長寿の秘訣《ひけつ》はヨーグルトにあるようだ。牛乳を乳酸菌で発酵させて作るヨーグルトは、栄養素が豊富で整腸作用と抗癌《こうがん》効果があって、これが長寿の決め手になっている、と専門家は説明する。朝鮮の野菜のキムチを、ヨーロッパの乳製品であるヨーグルトと比較するのは、いささかナンセンスな試みではあるが、発酵食品としての効能の点についていえば、キムチがヨーグルトをはるかに勝るのである。

まずは、キムチがいつごろから作られ、どのような経緯を経て今日に至ったのかを見ることにする。

調べてみるとキムチに関する資料は意外と少ない。そのむかし高句麗の王朱蒙《チュモン》が、川に流れる野菜を見つけて近くに人家のあるのに気づいた、という記録がある。野菜があったからキムチがあったはずだ、というのは説得力がない。百済の寺院の遺跡から、土中に埋もれていた大型の甕が発見されたことがあった。専門家たちは、それがキムチを漬けて保存したもののようであるという見解を述べるが、それも推測にすぎないのである。

明らかにキムチであるという資料は高麗の時代になって現れる。当時を代表する文章家李奎報《イギュボ》は次のように書いている。

……大根は塩漬けにすれば夏も美味しいが、甕に漬けてねかせれば寒い冬にもいただける……

晩秋の十一月。冬じたくのためのキムチ漬けは、今も残る朝鮮民族の風物詩である。村中、国中が一家総出の大わらわ。「甕に漬けてねかせれば冬にもいただける」、とはキムチ漬けのその光景を連想させるすばらしい文章である。

彼の時代のキムチは塩と胡椒《こしょう》と生姜《しょうが》とニンニクで漬けられていた。塩っぽいうす味のサラダ感覚の食べ物で、それなりに美味しかったにちがいない。そのうす味のキムチに大異変ともいえる事態が発生したのは、十七世紀のころ、朝鮮に唐辛子《とうがらし》が入ってからであった。今日のまっ赤なキムチの原型は唐辛子の使用にはじまる。その唐辛子は意外にも日本から入ったもので、それを当時は倭芥子《ウェゲジャ》と呼んだ。

ここで唐辛子と朝鮮の食文化について触れておこう。

唐辛子はコロンブスが南米から持ち帰ったのを、ポルトガル人によって日本に持ちこまれたものであるが、日本では七味《しちみ》唐辛子以外にほとんど使われることがなかったが、朝鮮では食の革命をおこすほど大いにもてはやされた。それは、日本の食文化が殺生を禁じた仏教の影響下にあって、主に穀物と野菜など草食が中心であったのに対し、朝鮮の食文化は儒教的で、肉食が大いに取り入れられていたところにあった。野菜に唐辛子はなじまないが、肉食では脂肪を分解する唐辛子の成分が必要であったのである。

唐辛子がはじめて文献に現れるのは一七一三年に書かれた『芝峰類説』という書物である。その二年後の『山林経済』では唐辛子の栽培法が登場する。唐辛子が朝鮮料理に有効であることが分かり、本格的栽培がおこなわれはじめたのである。そして、その一〇〇年後の一八二七年に出版された料理書『林園十六志』には、九六種類ものキムチをずらりと記して紹介しているのである。このように、朝鮮半島に唐辛子が出現して一般に根づいていく過程と、キムチ誕生の時期はぴたりと符合している。唐辛子を抜きにして今日のキムチは語れないのである。

なぜ、唐辛子がキムチに使われたのであろうか。

ふつう一般には、キムチは野菜を塩漬けにし、水をきって唐辛子・ニンニク・果物・アミやイカなどの塩辛類の薬味を合わせて作る。キムチが発酵食品として加工される工程で重要なのは乳酸菌の働きである。乳酸菌は一般の細菌と比べて、栄養がいきとどいた豊かな環境のなかで繁殖するのであるが、カプサイシンという有効成分をもつ唐辛子は一方では腐敗を防ぎ、他の一方では乳酸菌の発育を助ける、という実に効果的な役割をするのである。

塩漬けだけのキムチでは水分が奪われ微生物が育たない。野菜や魚介類は自家酵素の働きでアミノ酸や乳酸が得られるが、日もちが悪く腐敗が進むのを防ぐことができない。そこで唐辛子の存在が欠かせなくなるのだ。キムチがいろいろな多くの食物で作られながらも、腐ることなくほどよく熟成し、保存用の発酵食品として完成をみるのは、実に唐辛子の効能がなせる技であるのだ。

キムチは世界でもっともすぐれた発酵食品である。だからどこの国の百科事典にもキムチは載っている。キムチは栄養の宝庫である。キムチにはいろんな食材が加えられる。たとえば開城地方にキムチの王様と呼ばれるポサムキムチがある。それは、白菜の間に梨・松の実・生栗・カキ・明太・牛肉・ナツメ・銀杏などを、唐辛子・ニンニクと一緒に漬け込むといった大変手の込んだ傑作であるが、これらのうまみが入ることで、キムチは熟成され、普通の調味料では得られない、まったく別次元の味の世界を作り出すのである。鍋物にキムチが入り、洋食に隠し味として使われるのは、キムチのもつこの妙味のゆえである。キムチは糧食の半分という。米があってキムチがあれば栄養的には足りるというのだ。

キムチは薬膳的な食品である。キムチにはニンニクと唐辛子が多用される。ニンニクは炭水化物とアミノ酸の一種であるアニリンでなっている。アニリンは腸を強くし神経を安定させ、そして疲労回復に有効な成分だ。殺菌力も抜群だ。唐辛子もビタミンが豊富で体を活性化する効力をもっている。キムチにはアミといわしの塩辛が入る。たんぱく質とアミノ酸、脂肪質はこれによって担保される。海のものにカキがある。カキはカルシウム・鉄分・グリコーゲン・ビタミンなど、野菜にない栄養素をキムチに添える。

世界の最長寿国はブルガリアで、その秘訣はヨーグルトにあるといった。しかし、かもし出される乳酸菌の数は、キムチとヨーグルトでは比較にならない。熟成ピーク時のキムチの乳酸菌は一ミリリットル当たり五〇〇〇から一億という数である。

今日、世界の最大キムチ生産国は日本と韓国である。キムチは韓国の重要な輸出品目になっている。当然のことながら、キムチをめぐって、熾烈《しれつ》な戦いが日本と韓国の間でおこなわれている。産業界の生産競争、輸出競争とともに食品学会では、商標をめぐる論争が戦われている。韓国は、日本のキムチはニセモノという。その根拠は、発酵食品でないからだ。だから、キムチという名の商標を使うのはやめてほしい、と彼らは主張する。これに対する日本の主張は、発酵ものか否かが基準にならない、という。その根拠はキムチに対する学術的な定義がないからだ。だから、キムチという商標はなんら問題にならないのである、と。

キムチに対する学術的定義がどうであれ、食料としてのキムチの価値は発酵食品であることにはまちがいない。

●それは朝鮮の気候風土にマッチした合理的な暖房設備であった●

オンドル

人間の生活で住居は欠かすことのできない必須条件である。住居は睡眠と休息の場であり、仕事・食事・団欒《だんらん》など、家庭生活を営むうえでもっとも重要な空間である。住居のあり方や使われ方はそのおかれた自然条件と深くかかわっている。

朝鮮は狭い国土のわりに気候の変化に富んだ国だ。気候は大陸性と海洋性の双方の特徴をもっている。雨季の夏は高温多湿であるが、季節風の影響を受ける冬は低温低湿で寒気がきびしく、マイナス二〇度をこえることもある。暑い夏季が短期であるのに対し、寒い冬は長くきびしい。そのきびしい冬場をしのぐために工夫されたのがオンドルである。

古くから世界各地でいろいろな暖房装置が開発されていた。暖房装置はその必要性から寒冷地方にはじまったようだ。もっともよく知られているものにペーチカがある。ペーチカはロシアで生まれ北欧の国々に普及し、そしてヨーロッパ各地に広がっていった。ドイツにカミンという暖房装置があるが、それもペーチカの改良型である。

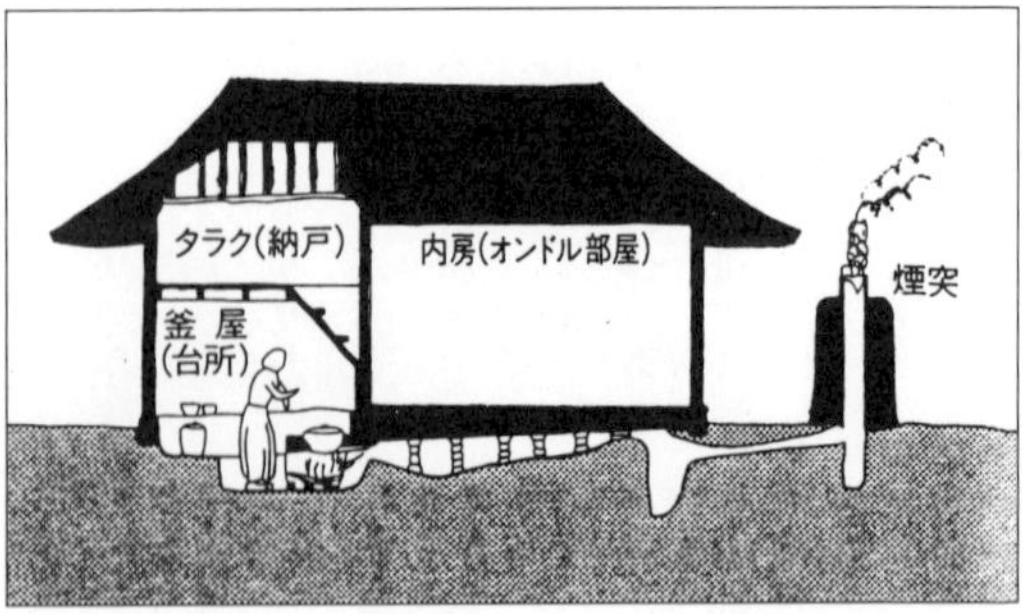

西側のペーチカに対して、東側を代表する暖房装置は朝鮮のオンドルである。オンドルもペーチカも放射暖房施設であるという共通点をもっている。放射暖房とは、日本のいろりや火鉢《ひばち》、ヨーロッパのストーブのように直火で暖をとるのでなく、壁や床に埋《まい》設《せっ》した設備の表面温度を高め、その放射熱で室内の空気の温度を高めるというシステムである。暖房設備としてはもっとも合理的で衛生上すぐれた装置である。

ここでオンドルの構造について触れておこう。その構造は地方によって若干の異なりはあるが、大まかに説明すれば次のとおりだ。

まず、床下に石と粘土で煙の通り道を作る。その上に花崗《かこう》岩の板石を敷き、赤土を塗り重ね、厚い油紙を敷く。床下を通る煙の熱が床面を暖めるという仕組みになっている。オンドルの焚き口は台所のかまどと兼用だ。火を焚けば煙は煙道を通り、反対側に取りつけてある煙突から外に吐き出されるが、その間に飯を炊《た》き汁を温めると同時に部屋全体の空気を暖めることになる。一石二鳥だ。燃料は薪《たきぎ》や落ち葉や藁《わら》などを使ったが、近年は練炭などを使用している。

炊事と暖房が一体になったその経済性と、直火でなく輻射熱《ふくしゃねつ》で部屋全体を暖めるという合理性から、オンドルは早いころから諸外国に知られることとなった。

中国の唐の時代に朝鮮のオンドルに関する記録が見られる。そのころ、中国の北部地方にカンと呼ばれた暖房装置が使われていたが、それはオンドルの構造に似せて造られたものだ。

オンドルは十七世紀のヨーロッパにも伝えられていた。オランダの学者ウイトセンは『北東タルタリア』という書物のなかで、次のように書いている。

……（彼らは）家を作るに当たっては、床下一五センチほどの所に穴を設け、そこをかまどの煙が通るようにして部屋を暖めた……

アメリカ・ボストン出身で、朝鮮王朝の遣米視察団の通訳を務めたことのある科学者パーシバル・ローウエルは、彼の著書『朝鮮、静かなる朝の国』で次のように書いている。

……オンドルは寒い冬には火鉢の役目をする。外のかまどに火が入ると、熱気が蜂の巣のような迷路に広がり床を暖める。すばらしいアイデア。申し分のない立派な暖房装置といえよう……

朝鮮でオンドルはかなり古い時代から使われていたようだ。平安北道の寧辺《ヨンビョン》郡で古朝鮮時代のオンドルが発見されている。古朝鮮の時代であるから少なくとも二〇〇〇年前にさかのぼることになる。また、高句麗時代の薬水里《ヤックスリ》古墳壁画には、オンドルのかまどに火を入れている婦人の姿と、床下の火坑を通った煙が煙突から出ていく光景がリアルに描かれている。この事実はオンドルが五世紀の高句麗の時代に至っては、暖房装置としての構造的機能をほぼ完璧に備え、各家庭にまで普及していたことを現している。

朝鮮の住居変遷の歴史をたどってみると、北の高句麗と南の新羅・百済では住居の構造上明らかな違いが認められる。高句麗がオンドル式住居であったのに対し、南の新羅・百済は床下空洞の住居であった。新羅も百済もオンドルを使用したという記録も遺跡も残していない。

十世紀に高麗という統一国家がたてられ部族間の壁が取り払われたことは、朝鮮の住居文化発展の上で画期的な出来事であった。高麗の建国とともに北方のオンドルは南下し、朝鮮南部の全域に広まった。南は温暖とはいえ冬の寒さはきびしかったのである。

二〇〇〇年十一月、京畿道楊州《ヤンジュ》郡の桧厳寺《フェオムサ》址から大規模のオンドル遺跡がほぼ原型の形で発掘された。一般の民家でなく高麗王朝ゆかりの大寺院である。オンドルの建物は正面三一メートル、側面一四メートルであるから一大暖房施設である。桧厳寺の建立は十四世紀中ごろで二五〇人ほどの尼僧が修道していたという。オンドルは尼僧たちの食事と修行環境に大いに役立っていたものと思われる。

古朝鮮にはじまったオンドルは高句麗に伝わり、高麗を経て朝鮮王朝に引き継がれていった。その間、南方式の床下空洞の構造も継承され、両者が折衷する形で朝鮮の伝統的民間家屋が形成されるのであるが、オンドルの存在はその構造を決定づける決め手となった。

ここで、オンドルが朝鮮の伝統的民間家屋にどのように使用されていたのかを見ることにしよう。

オンドル部屋

朝鮮の民間家屋は周囲に外壁をめぐらし、大門一つによって外部とつながった独立した空間をなしている。塀で囲まれた屋敷は建物部分と内庭からなっているが、建物は高さ三〇センチから一メートルの基壇の上に建てられる。床下にオンドルの火坑を敷設《ふせつ》するためである。

建物内部の部屋は床の形式からみると、土間・マル・オンドルの三種類でなっている。高床と吹き抜けでなっている土間とマルは主に夏場によく活用されるが、部屋の中心はあくまでもオンドル部屋である。オンドル部屋の造りは熱効率をよくすることを追求めた構造であるから、部屋の独立性が強いところに特徴がある。窓や出入口は小さく部屋の空間容積は狭い。木製の開き戸は観音開きで、障子・ふすまと三重のものが多く、気密性は高い。熱をのがさず、すきま風を入れないためである。天井や壁はまっ白な高麗紙で貼りめぐらされている。白一色の空間に対して床は金色に輝く。油を施した厚めの高麗紙が、床の全面にびっしり貼りつけられているのだ。部屋の家具調度品もオンドル風である。伝統的な家具の装飾は螺鈿《らでん》など豪華なものが目立つ。繊細な曲線や曲面を基調とした箪笥《たんす》などが、部屋の壁に沿って置かれるが、いずれも脚がつけられている。熱による歪《ゆが》みを防ぐためなのだ。

オンドルは家の造りとともに、そこに住む人々の生活のあり方にも大きな影響を及ぼした。オンドルのしてある部屋をオンドルパンという。部屋の上座と下座は暖かさによって決められる。かまどに近く、暖かいところが一番いい場所で、家の長や老人、招待客がここに座る。かまどから離れるほど末席になる。若くて健康なものが末席に座ることになる。

オンドルの部屋には畳がない。床が暖かいから畳なぞ必要としないのだ。オンドル部屋では冬でも掛けふとん一枚で十分である。日本人は男性も女性も両ひざを折って正座とするが、朝鮮人は、男性はあぐらをかき、女性は片ひざを立てて座る。この方が床暖房の熱が体にじかに伝わって心地いいのだ。

オンドルの暖かさを評して朝鮮人は「モムルノギンダ」という。「ノギンダ」とは「とける」、「とろける」という意味である。体験すれば分かることだが、天国にでもいるような心地よさである。朝鮮名物の冷麵《れいめん》が夏の食べ物と思われがちだが、そうではない。真冬のオンドル部屋の、あのとろけるような暖かさのなかで食べるのが、本当の旬《しゅん》の味であるのだ。

オンドルに基調をおいた朝鮮の家屋は、長い伝統のなかで育まれたこの国の貴重な文化遺産である。それは暖房工学上すぐれているばかりか、多機能であり、経済的にも、衛生の面からもすぐれている。それがこの国の自然環境と風土にマッチしていたからこそ、数千年の長きにわたって暖房施設として使われてきたのである。

今日、社会の近代化が進むなかで、朝鮮の伝統的居住生活に大きな変化が見られる。新しい暖房器具が開発され、オンドルは都市部で姿を消しつつある。しかし、多くの建築工学の専門家たちは、オンドルのもつ経済性と合理性に二十一世紀の建築文化のあり方を求めている。

実際のところ、昨今オンドル的発想から新しい暖房設備が作られ使用されている。発電所などの廃熱によるセントラルヒーティングがある。パネルヒーティングもオンドル式発想である。これらはオンドルと同じように、壁・床・天井などの内部に配置して湯を通し、あるいは温風・電熱線などでパネルそのものを暖め、その放射熱で暖を取る方法である。

最近、欧米の大手のスーパーなどが、「ミニ・オンドル」という商標の小型電気毛布を売り出して人気を集めている。フランスでは、国立科学技術研究所（ｃｎｒｓ）が中心になって、エネルギー節約の方法として、改造オンドルの開発を急いでいるという。彼らの研究によれば、改造オンドルは、現在使われている換気式暖房設備の二〇パーセントもエネルギー節減になるという。

オンドルの研究・開発は世界各国でよりいっそう進められるであろう。

●それは世界で朝鮮人だけに栽培が任された万病統治の薬であった●

高麗人参

高麗人参はウコギ科の多年草で、長さ六〇センチ程度、茎は付け根がある。高麗人参の学名は、パナックスジンセン。ジンセンは人参の中国語読み、パナックスはギリシャ語で「万病統治薬」という意味である。

高麗人参は古い時代より不老不死の薬草として広く知られていた。中国の『史記』には、斉の宣王と燕の昭王は渤海の三神山に人を送って薬草を求めた、という記録がある。秦の始皇帝も、漢の武帝もそれを求めた。三神山とは、朝鮮の金剛山・妙香山・智異山であったらしい。

はじめに人参のいわれについて触れておく。参には山参と人参がある。この二つの参は同じ種類のものであるが、人参は人が畑で栽培したものであり、山参は自然の状態で成長した野生の人参である。

山参には古来よりいろんな呼び方があった。神秘であることから「神草」と呼び、仙人が食するものであるからと「仙草」とも呼んだ。健康の元になるからと「土精」とも「血参」とも呼んだ。「人参」はその形が人間の身体に似ていることから付けられた名前である。中国の宣王や始皇帝などが求めたのは人参ではなく山参であった。人参が栽培されるのはずっと後のことであるからだ。

人参は日本の古い記録のなかにも見られる。奈良の正倉院の宝物庫に人参が出てくる。亡くなった聖武天皇をしのんで光明皇后が献納したものと伝えられている。それもやはり人参でなく山参であった。

中国のもっとも古い医書である『神農本草経』は高麗人参の効能について次のように書いている。

……体内の五つの臓器を助け、精神を安定させ、長く服用すると寿命が延びる……

なるほど、まぼろしの薬であると追い求めていたのは、うわさやいわれではなく、人参にはそのような不思議な効能があったのである。当時はどこの国でも、病気やけがといえば迷信や未熟な経験をたよりに治療していただけに、薬用植物としての人参の価値は大変なものであっただろう。

高麗人参は北緯三〇度から四八度の間を限界にする植物である。しかも、その生息地は極東の朝鮮半島と満州の一部に限られている。高句麗の時代は満州もその領土に属していたから、朝鮮はまさに世界唯一の高麗人参産出国であったのだ。中国や日本が朝鮮に対してそれを求めたのは、他に求める所がなかったからである。

朝鮮歴代王朝の貿易品目のなかで、高麗人参は常にトップの座にあった。中国に対しては使節の往来のたびに皇室用に献上していたし、義州の商人たちは陸路で大量に持ち出し、それを中国各地で売りさばいていた。義州の商人が都の長安でせりにかけたところ、その価格が十倍にもはね上がった、という記録がある。高麗人参は中国では漢方薬に欠かせない薬剤になっていたのである。

日本も同様であった。朝鮮から室町幕府に派遣される使節は、かならず高麗人参を献上していたし、日本もそれを心待ちにして喜んだ。日本の対朝鮮使節も金銀に代わるものとして人参を求めた。

高麗人参に対する需要は人の往来とともに大きくなっていった。そして、野生の山参だけではとても追いつけなくなり、いよいよ栽培人参の開発を迎えることになった。

高麗人参はいつごろ、どのようにして栽培されたのであろうか。

『高麗史』によれば、人参の栽培は一一二二年、高麗十七代仁宗《インジョン》王の時代にはじまる。しかし、李王朝の『正祖実録』によれば、開城地方で朴有哲《バクユチョル》という人物が中心になって人参栽培をおこない、開城は「参都」といわれるほど繁盛したというから、本格的な栽培人参は朝鮮王朝の初期のころであったと思われる。

高麗人参

山参は微妙な植物である。隠生植物であるから陽当たりよりも陰を好む。しかし、じめじめしたのは好まず、適度の陽とさわやかな風もなくてはならない。年間平均気温は摂氏一四度。降雨量は一一〇〇ミリから一三〇〇ミリほどが適当だ。山参に必要な土壌は松や楓《かえで》や栗の木からなる褐色の腐植土。もちろん酸性の土壌では育たない。温度は、冬は寒くてもかまわないが、夏は二〇度前後でなければならない。このような条件が備わり、さらに、北か北東向きの山すその、八度から一五度の傾斜地を適地とする。実に難しい生態なのだ。地球上の同じ緯度にありながら朝鮮半島にしか生息できないわけがここにある。

朴有哲という男はよほど山参の生態に明るかったようだ。彼は山参ありと聞けばどこへでも出かけ、周辺の自然条件をつぶさに調べあげた。開城を栽培地に選んだのは、朝鮮半島のちょうど中間に位置しているその場所が、山参の生態と生育にもっとも適していたからであろう。実際、今日、人参は南北朝鮮の各地で栽培されているが、開城人参の品質はもっとも高く、その効能もだんとつに多い。

朴有哲は、山参を採取して移植したり、あるいは種を取って播いたり、いろいろ試行錯誤を繰り返した。そのような経験の積み重ねがあって、朝鮮王朝第二代定宗《チョンジョン》王の時代に初歩的ではあるが高麗人参栽培方法が確立した。

十五世紀ごろから朝鮮は本格的な人工栽培の時代を迎える。その経済的波及効果は大きく、農民たちは競って人参作りに励んだ。栽培面積は各地に広まり、栽培や加工の方法も改善された。高麗人参の生育期間は六年である。野生の山参では偶然をたよりに採集するほかなかったが、人工栽培では、六年を周期に大量の生産を可能にしたから、国内はもちろん外国の需要も十分みたすことができた。

資料によれば、日本からの注文は人工栽培以後急激に増えている。例えば、足利将軍家が朝鮮側に注文した量を見ると、以前は年間二〇斤、三〇斤が平均であったが、これに対して栽培以後は、五〇斤、一〇〇斤と増え、六代将軍足利義教に至っては、二〇〇斤もの大量を注文しているのである。幕府は高麗人参の見返りとして銀と銅を払うことになるが、その財政負担はすべて農民たちに押しつけることになった。

ここで、話のついでに、日本での人参栽培はどうであったのかを見ることにする。

日本における高麗人参の栽培は徳川家康からとされている。第一回目の朝鮮通信使が来日したとき、親善のあかしとして高麗人参の種が薬好きの家康に献上された。気をよくした家康はすぐ、伊達《だて》政宗と佐竹義宣を招いて種を渡し、自藩に持ち帰って育てるよう命じた。伊達と佐竹に命じたのは、彼らの領地である仙台と秋田が、朝鮮の開城の気候風土によく似ていたからである。しかし、そのときの種まきの結果については一切記録に残されていない。おそらく失敗したものとみられる。

日本での本格的栽培は八代将軍徳川吉宗の時代である。さすがに幕府中興の英主と呼ばれるだけの吉宗であった。輸入にたよっていては財政の改革にならない、と高麗人参の栽培を思いたったのである。吉宗は対馬藩主に命じて高麗人参の生き草を、前後数回にわたって取り寄せた。しかし植え替えはことごとく失敗に終わった。生き草の草根による移植がうまくいかないなら、また、種播きではどうであろうか、と対馬藩に命じて種を取り寄せ小石川薬園などに播いたが、これまた無残な結果に終わった。そして熟慮のすえ候補地を日光に変えることにした。霧深い山あいのその風土が朝鮮の山参の自生地に近い条件であったからだ。栽培は日光の土地で成功し、日本産高麗人参のお目見えとなった。

現在、日本の産地といえば福島の会津若松、長野の上田、島根の大根島である。これらの産地で栽培される人参は日光産のお種人参がもととなっている。

話をもとに戻そう。

古い時代から高麗人参は霊薬とまでいわれた薬草であるが、実際の効能はどうであろうか。

いままで多くの医学者や薬剤研究者が高麗人参の効能について研究してきている。彼らによって科学的に立証された高麗人参の薬理的効果は多岐にわたる。ストレス・疲労・うつ病・心不全・高血圧・動脈硬化症・貧血・糖尿病・潰瘍《かいよう》などである。最近では高麗人参がガン細胞の増殖を抑える抗ガン作用があるという報告がある。古くからいわれる万病統治薬とは多岐にわたるその効能をいうのであろう。

しかし、これらの効能は最近の研究から解明されたものであって、むかしの人は知るよしもなかった。薬草としての使われ方はいくつかあった。普通一般には煎《せん》じて飲む方法がある。病気の治療が目的ではなく、保身のために日ごろから飲んでおくのである。血流をよくし体の機能を高め、そして必要な栄養素を摂取することになるから、病気にかかりにくい体質になる。無病長寿の秘訣である。

次に何らかの目的をもって使用する方法がある。例えば、鶏まるごと一羽に、もち米・ニンニク・栗・ナツメなどと一緒に人参を入れ、煮詰めて食べる方法である。薬膳料理書で「参鶏蕩」と呼ばれるこの方法は、夏バテや疲労、病後の回復に最高の妙薬となるのである。

朝鮮のことわざに「人参正果のない妓生の部屋」ということばがある。その意味は「あるべきところにあるべきものがない」という意味を表すことばである。この場合の人参は精力剤か回春剤としての使われ方である。人参正果は、生の人参を斜めに切って、はちみつに浸して弱火で煮つめた、一種のゼリー状の甘菓子であるが、その使用は壮年か老年の男性だけに限られ、若い者が服用すると、血が上り白髪に変わるといわれていた。朝鮮のネロ皇帝といわれた暴君燕山君《ヨンサングン》は終生人参正果を片時も離さなかったという。

高麗人参のこのような効能はもちろんその成分によるものだ。高麗人参の一般成分は、糖質・たんぱく質・脂質・無機質などであるが、重要なのは特殊な薬理作用をもつサポニンが多く入っていることである。サポニンの種類と比率によって微妙な効果がかもし出されるのである。その微妙な効果は身体の恒常性を維持するという重要な能力となって現れるのである。

朝鮮の医学は、人の健康は身体機能のバランスの上にあるとみる。高麗人参の薬理成分は、服用する人に必要な成分、つまりその身体のバランスが欠けた部分にだけ作用する、という神秘な能力をもっている。たとえば血圧である。血圧はその高低によって薬が選ばれるが、高麗人参は低ければ低めに効果あり、高ければ高めにも効果があるというのだ。つまり飲んでおればバランスのくずれている部分に浸透してかならずその部分を癒《いや》してくれるというものだ。

高麗人参はほかの生薬と違って、長い間飲みつづけても副作用がない。抜群の効能をもちながらも毒性がないとは、いかにも不思議な薬草ではないか。

●それは朝鮮の服飾文化に転機をもたらした画期的な出来事であった●

木綿

十四世紀ころまでの朝鮮の衣服は麻が主流をなしていた。麻は丈夫ではあるが重ね着しても保温性に欠ける。それを身に着けて冬を乗りきるのは大変なことだった。当時は絹織りもあったし、中国から綿を輸入して衣服に用いた。しかしそれは一部の裕福な王侯貴族に限られ、庶民にはまったく無縁のものであった。

有史以来、凍死の危険がこの国の民百姓を困らせた。飢えで死ぬことも恐ろしいことであるが、それは凶作の年に限られている。しかし、厳しい冬将軍は、毎年容赦《ようしゃ》なく半島を襲い、多くの人命を奪っていくのだ。

高麗末期の十四世紀に朝鮮服飾文化に大きな転機がもたらされた。綿の生産がはじまり、麻の時代から木綿の時代へと変貌を遂げたのである。その最大の功労者は高麗の文人文益漸《ムンイッチョム》。彼こそ厳冬の寒さから朝鮮民族を救い、その服飾文化に画期的な転機をもたらした立役者であった。木綿は海を越え日本の室町、江戸時代の人々の手にも渡った。だから彼は日本の人々にとっても恩人であったといえよう。

文益漸は中国から綿花の種を持ち帰り、その栽培に成功した最初の人であった。彼はその歴史的偉業をどのようになし遂げたのであろうか。

文益漸は一三二九年慶尚道山清郡《サンチョングン》の片田舎《かたいなか》に生まれた。幼少のころから勉学に励み三〇歳にして科挙に及第した。ほどなくして、彼は幸運にも使節団の書状官として中国の元に派遣されることになった。ところが、当時、元の皇帝の側近に高麗王の失墜をたくらむ者たちがいて、文益漸は彼らの謀略によって、遠い辺境の地・雲南に島流しされてしまった。雲南は中国最南端。山を一つ越えればベトナムの領域である。

気候風土がまったく違い、ことばも通じない雲南の生活はやりきれなかった。外国の使節でありながら島流しとは。彼はあまりの理不尽さにいきどおり悶《もだ》えながら日々を送った。読書以外にすることがない。そこで彼は気晴らしに下男一人を連れて雲南の各地を歩き回った。

ところが、チャンスはひょんなところから訪れるものである。ある日、彼が下男を連れて散歩をしていると、まっ白な花が畑一面に咲き誇っている光景に出会った。それは、故国高麗では眼にしたことのない白雲の世界であった。行けど歩けど白雲の世界はつづいた。これこそうわさに聞いた綿花なのか、と彼は感激しうなずいた。一輪の花を採って頰に当ててみると柔らかく温かい。そしてそのとき、彼の脳裏に寒さにおののく祖国高麗の人々の悲惨な姿がよぎった。「持ち帰らなければならない」、彼はそう思い枝を折って花をふところに忍ばせた。

しかし、当時の中国は綿花の栽培は国家的機密で、雲南省と海南島以外の場所での生産は禁止され、一粒の種の持ち出しも許されなかった。そこで彼はどうしたものかと思案した。方法はあった。愛用の筆の筆穴に綿花の種をくめておくことだった。

思うに遠く新羅の時代から歴代の王朝が、高い貢《みつ》ぎの代価を支払って手に入れてきた木綿である。この種さえ手に入れれば厳冬の寒さから人々を救うことも可能である。彼は来る日も来る日も筆穴から種を取り出しては見つめ、帰国の日を待ち望んだ。

三年の刑期を終えると、彼はその足で高麗に向かい、一切の官職を捨てて故郷の田舎にこもった。

彼が雲南から持ち帰った種は一〇粒。それを義父の鄭天益《チョンチョンイキ》と分けて実験栽培に取り組んだ。栽培が容易でないことはあらかじめ承知のうえだった。綿花は熱帯植物である。それを寒冷な朝鮮の土地に根づかせるのは十中八九不可能に近い。しかし、幸運にも播いた一〇粒のなかで一粒の種が花を咲かせた。義父の播いた一粒だった。その一輪の花から一〇〇粒の種を得た。そして、三年後に種は村人たちの手に渡り、さらに数年も過ぎると、綿花は村中に咲き誇った。

綿花の作付けは成功した。次はそれを加工して糸を結い、綿布に仕立てあげなければならない。

彼は家族の手を借りてその加工も手がけた。孫の文萊《ムルレ》は糸まき機を考案し、その弟文英《ムニョン》は機織機を造った。

綿花の栽培から一〇年も過ぎると、栽培方法も改善され、初期のころは慶尚道と全羅道の地域に限られたが、ついに北部の一部を除いて全国に普及していった。農家は家ごとに機織機をおいて綿布を織り、余った分は市場に出して現金を稼いだ。このようにして木綿の生産は盛んになり、やがて朝鮮王朝のもっとも重要な産業に発展していった。

木綿の生産と普及は、国民の生活向上と産業の発展に大きく寄与するものであった。

麻から木綿への転換は服飾文化においては革命的といわれるほどの事変である。身近にあって安価であること、自給自足が可能であること、温かくて柔らかく丈夫で、しかも用途が広いことなど、木綿は衣類の素材として素晴らしい特色を持っている。それ以来、朝鮮人は木綿ということばを服地の代名詞のように使っている。チマもチョゴリも木綿、パジもツルマギも木綿、両班も庶民も大人も子供も木綿。木綿づくしの民族になったのだ。木綿は現物貨幣として使われたし、税金も木綿で支払われた。

木綿の恩恵は朝鮮人だけではなかった。最高の受益者は日本人であったかもしれない。木綿は日本の服飾文化を大きく変えたし、それが産業として発達する過程で富を生み、それが日本の近代化にもつながっていった。

朝鮮で木綿が作られているのが知らされると、それまで中国に頼っていた多くの大名・国人が、朝鮮に使者を送って木綿を求めた。一四五一（宝徳三）年には、島津の太守源貴久が、即位した文宗《ムンジョン》に贈った祝賀品の回賜として、二三九四匹もの綿布を受け取った。日本への木綿の輸出は年ごとに増えつづけ、一四七五年の年間輸出量が二万七二四〇匹に対して、一三年後の一四八八年は夏の三カ月だけで、一〇万匹の木綿が日本に渡った。かくして木綿は、高麗人参やはちみつ、虎や豹の皮など、当時の主要品目を追い抜いて、朝鮮王朝の最重要貿易品目となったのである。

日本がこのような大量の木綿を朝鮮に求めたのは何のためであったのだろうか。

一般的に、麻から木綿への移行は、民衆の衣料の材料が麻から木綿に転換することを意味する。朝鮮の場合がそうであった。しかし、日本の庶民が木綿衣を身に着けるのは江戸の後期で、当時は相変わらず粗雑な麻の衣服であった。

それではあの何十万匹もの莫大な木綿は何に使われたものであろうか。当時は、室町幕府が弱体化し、戦国の角逐《かくちく》戦が展開されていた時期であった。木綿は兵力強化に欠かせない軍事物資としてもてはやされていたのである。

木綿が一義的には軍事物資であったことを証明する資料がある。一四七三（文明五）年、近江・出雲の守護京極政経が、朝鮮王朝に木綿の提供を申し入れながら送った文書がある。それには次のように記されている。

……自分の領国である近江・出雲が応仁の大乱に巻きこまれて戦場となり、人民は動員され、農業は荒廃し、人々に着るものがない。このため兵士らは寒さのため凍傷にかかり、指を落とすほどの危地に追い込まれている。貴国の木綿の恩恵にこうむりたく、伏してお願い申すものである……

当時、幕府や大名にとって兵衣の支給は、戦争の勝敗にかかわる一大事であった。中世から戦国時代に至るまで、武器・兵糧・兵衣などは、武将が自分の手勢の分を、調達するのが原則であった。武器はそれほど消耗するものではない。食料は、底をつけば現地調達も可能であり、農家を襲ってまかなうこともできた。しかし、兵衣だけはあらかじめ準備して支給しておかなければならない。

小さな武将でも何百か何千着。大きくなれば何万から何十万着という数である。彼らが莫大な量の綿布を競って求めたのは、傘下の軍団兵士用に当てるため、一括して調達しようとしたもののようである。

木綿は兵衣にとどまらない。木綿は陣幕となり旗となり陣羽織となり馬衣ともなって、兵士とともに戦場を駆けめぐった。戦場において敵と味方の区別は旗と幟《のぼり》の色と家紋によってなされる。なによりも必要なのは色彩の鮮明さであるが、麻の染色は鮮明さに欠けるが、綿布は染色に最適の織物であったのだ。

木綿が軍事物資としてより効果的に使われた例は種子島銃の火縄である。火縄は種子島銃そのものではないが、火縄が消えていれば用をなさない。また、火縄に点火するために、いちいち火打石を使っていては間に合わない。そこで火持ちよく耐水性のある木綿が火種として使われた。

木綿の用途で見逃せないのに帆布がある。綿布が普及する前の帆はこもやむしろが主流であった。雨降れば当然重心が高くなり、常に転覆を覚悟しなければならなかった。船がのろいだけに櫓を漕ぐ水夫の数も多くなり、その分だけ航海の所要時間も長くかかった。ところが綿布製の帆を張るようになってからは、そうした危険もなくなり、船のスピードアップも図られた。ちなみに、日本最初の綿帆布の使用は、瀬戸内海に勢力を張っていた毛利輝元の水軍であったといわれる。

見てきたように、木綿は戦国の日本に伝わることでその使用範囲を広め、それ以後、江戸時代に至っては、庶民の衣服はもちろんのこと、魚網となって漁業の発展を支え、生活文化のすべての分野に広く深く浸透していった。

日本が朝鮮産木綿に頼らず、独自に綿花の栽培をはじめたのは、一五四九年、三河と河内であったとされている。

文益漸が世を去って三年後、朝鮮王朝は、彼に清白吏・忠臣・孝子の称号を与え、彼の子孫に禄を授けた。そして、後世の実学者李悴光《イスゲァン》は文益漸の功績を称えて次のように書いている。

……筆簡の新奇な功績は永遠に残り服飾の文化は燦然と輝く……

二 創る

●それは新羅の叡智が生んだ現存する世界最古の天文台であった●

瞻星台

新羅の古都慶州の仁王洞《イムワンドン》に一三〇〇年前のままで瞻星台《チョムソンデ》がひっそり立っている。高さ九メートルほどの円筒型の石造建築物だ。徳利の形に似たこの石造の建物が、何に使われたかについてはいろんな議論があった。ある者は天文台といい、他の者は新羅の王権の象徴といった。また祈禱のための祭壇にちがいないと主張する者もいた。

天文台説の根拠は文献にあった。『三国遺事』に善徳《ソンドク》王の時代に石を積み上げて瞻星台を築いたとある。『世宗実録』はより具体的で、その形状と規模を示しながら、そこに人が出入りして観測した、と説明している。また、『増補文献備考』は、瞻星台が新羅聖徳王十六年に天文観測を目的にして建てられたものと断言している。

たしかに瞻星台は、円筒の上に正方形の穴が空に向けられ、その中間には人の出入りの可能な窓口がある。それを足場にして器材を持ち込んで組み立てれば、観測も可能かと思われる。しかし、残されたものは空洞の建物だけであるから、それをもって天文台と断定するには説得力に欠ける。王権象徴説や祭壇説が唱えられたのも実証すべき科学的根拠が乏しいことにあった。

瞻星台の正体について多くの研究者が関心を持っていた。貴重な遺産をまぼろしの建物として放置しておいては先祖に申し訳ない。王権の象徴であっても、祈禱のための祭壇であっても、新羅文化の解明の学術的意義はあった。しかし、それが天文台であることが証明されれば大変なことになる。現存する世界最古の天文観測施設となるから、歴史を書き替えることになるのだ。

何事もそうであるが、とくに歴史や考古学の分野においては明確な論理的仮説に基づく慎重な研究が求められる。それが天文台であれば、そうであることの必然性が問われなければならない。またそれが天文台としてどのように機能し、どういう観測結果がもたらされていたのかが、具体的に証明されなければならない。

瞻星台

瞻星台の研究には諸外国の多くの学者・研究者もかかわった。彼らには象徴説と祭壇説が多かった。これに対して朝鮮の学者たちは天文台説を強く主張した。それでは天文台説の主張にはどのような根拠があったのであろうか。根拠は三つである。

その一つは、天文観測に対する朝鮮民族の古代からのなみなみならぬ関心と実績である。一般に星の観測には二つの目的があるといわれる。一つは吉凶の占いであり、いま一つは暦の制作である。加えて朝鮮民族には檀君王倹以来の天体崇拝、太陽信仰があった。朝鮮半島の各地で発掘されるコインドル（支石墓）からは、石に刻んだ無数の星座が発見されている。それらの多くは紀元前二九〇〇年から三〇〇〇年のものであるから、この民族の天体観測の歴史は実に古朝鮮の初期のころにはじまるのである。

高句麗では、王城内に瞻星台を置き日者（天体学者）が観測をおこなったが、彼らは日食一一件、彗星一〇件、流星五件、惑星四件を発見して記録した、と『三国史記』は伝えている。高句麗の壁画古墳の天井にも正確な星座が描かれている。星の明るさを六等級に分類して、それをさらに四色に色分けるという、驚くべき正確さをもった壁画である。

新羅も高句麗に劣らず天文観測に力を注いだ。聖徳王の時代には、天文・気象・数学など専門部署を設置し、これらに多くの博士を配属した。当時、漏刻殿という時間観測部署があったが、ここだけで六人の博士が当たっていたというから、大変な力の入れようであった。瞻星台の築造も聖徳王の時代である。国家的プロジェクトの一環として天文台が建てられたとみるのが自然である。

根拠の二つめは新羅時代の天体観測記録である。瞻星台が天文台であるためには、それによって何が観測されたかが証明されなければならない。この点については当時観測された資料が多く残されている。『増補文献備考』は、新羅では、日食・月食・彗星などとともに、水星・金星・火星・木星・土星の動きをも観測していたと書いている。『三国史記』には天体や気象に関する数多くの記録を残している。天体の運行にとどまらない。台風や地震、潮流と気温など、気象の観測もおこなっていたのだ。

新羅の天体観測の水準はそれを引き継いだ高麗の観測実態からも推測できる。『高麗史』は一一五一年三月の記録に次のように書いている。

……癸酉の日。太陽に黒点あり。それは鶏卵ほどの大きさであった……

……庚申の日。太陽の輝き失いつつあるなかその表面に黒点現れる……

太陽黒点の発見者はイタリアのガリレオであるとされてきた。一六〇七年である。しかし高麗の天文学者たちは彼に四五〇年も先んじていたのだ。

このような観測成果は瞻星台に信憑《しんぴょう》性を与えるものだ。しかし信憑性はあくまでも信ずるにあたいすることであって真実という確証ではない。そこでいよいよ、天文台としての瞻星台の構造とその機能について説明しなければならない。三つめの根拠だ。

一九六二年のことである。この年に三名の研究者が瞻星台の実測調査をおこなった。周辺の地形と、建造物の配置図・断面図・平面図を詳細に作った。

その実測報告によれば、瞻星台は、円筒部の石に三六二個、井字石に一六個、南側窓の柱石に二個、内部の盤石に一個、あわせて三八一個の石の積み重ねでなっており、石材はすべて花崗岩である。その全体は、基壇部・円株部・井字形頭部の三つの部分に構成されている。

瞻星台の構造的特徴は四方どこからでも同じ形であることだ。四季二四節気を念頭において設計したからだ。この構造では、季節によって太陽の位置が変わっても、その影を測定することで、時刻が正確に示される。また、それは同時に、春分と秋分、夏至と冬至を示すことになる。正南方に開けられた窓は、春分と秋分には太陽のひざしが底に至り、夏至と冬至には窓のところで消えるように設計されている。

次に瞻星台の内側を見よう。設計者たちは内部設計に相当神経を使ったようだ。内側は南窓のある一二段まで土が盛られている。これは、建設時に内力によって円形の形がくずれないようにしたものであり、完成後は外からの圧力に耐えるための工夫であった。一三段以上は空洞であるが、一九段目と二五段目には、長く太い大きな板石が二層になって横たわっている。それは一人か二人の人間が登り下りするのに都合のいい広さだ。最上段は三メートルほどの正方形の石枠があり長石が十文字に組まれている。

このような構造的特徴から、最上部の観測台に「渾天儀《こんてんぎ》」のような機器をもって、天体を観測したものと推測される。「渾天儀」は後の世宗大王の時代に開発された天体観測機器であるが、大王はその開発に当たって技術者たちに、先人の古典を参考にすることを命じているから、このころすでにその前身のような観測機器があったものと思われる。

以上三つの根拠をもってそれが天文台であったことが明らかにされた。いや、もっと正確にいえば、天文機能とともに気象観測と四季の変化、暦の制作と時刻の記録に至るまで、総合的な機能を備えた天文観測施設であったのだ。

最後に、この施設を管理し観測に当たったのはどのような人物であったろうか。

記録によれば、新羅は六八二年に「国学」という大学を創設し、暦法と数学を学ばせ天文観測に当たらせていた。七一八年には時を刻む漏刻殿を設け、博士六名を配属したという記録もあるが、瞻星台は漏刻と違って、より専門的で大がかりな仕事である。少なくとも数十名からのチームが編成され、管理と観測に当たっていたものと思われる。

彼らはすべて「国学」卒業生であった。当時の「新羅」の国学では、博士もしくは助教が「三開」、「六章」の数学書を講義していた、という記録がある。彼らは有能な学者であり研究者であったから、惑星の運動を測定する近似計算法をはじめ、二乗根、三乗根の求め方、連立方程式の解き方など、数理に対する高い知識を身につけていて当然である。

現在残されている新羅時代の天文観測資料は、彼らの手によって作られ、今日に至っているのである。

●それは美の極致をきわめた最高級の陶磁器であった●

高麗青磁

青磁といえば高麗である。青磁が高麗という名で呼ばれるのは、それを一般の青磁と区別するためである。青磁は中国に発生・発達したもので、その影響を受けて東アジアの各地でさまざまな青磁が焼かれた。高麗の青磁がすぐれているのは、他の国にない、独特の材質・色調・作風をもち、本場の中国のものをしのぐ高い芸術性にあった。

高麗青磁は世界に誇る朝鮮民族の文化遺産である。が、同時に、日本の焼き物文化と深いつながりを持っており、日本固有の茶の湯の世界とも切り離せない関係にある。そのような意味からすれば、高麗青磁は、朝鮮と日本、両国の人々が共有する文化遺産といってもまちがいない。

朝鮮の陶磁器の歴史は古く紀元前四〇〇〇年ころまでさかのぼる。朝鮮半島の各地の地層からは、櫛目文土器《くしめもんどき》と呼ばれる数多くの土器が出土しているし、青銅器時代の地層からは無文土器とともに、朱を塗って磨きあげた赤色磨研土器が現れている。そして時代が下るにしたがって高い温度で焼かれた硬質土器が現れている。高麗青磁は朝鮮民族のこの長い陶磁の伝統を引き継いで生まれた傑作である。

世界に高麗青磁コレクターは多く、その名品は各国に散逸している。日本では、東京国立博物館に国宝級のものが陳列されており、欧米では、アメリカのボストン美術館とイギリスのビクトリア・アンド・アルバート博物館が、数多くの逸品を所蔵している。

イギリスの著名な陶磁研究家ホネー氏は、高麗青磁について「高麗陶磁は創造的な焼き物であるばかりでなく、かつて造られた焼き物のなかでもっとも優雅でありながらも、素朴なあじわいが残された逸品である。それらには焼き物が持つべき必要なすべての条件が備わっているのである」と、絶賛している。

高麗青磁とはどのような焼き物であったのであろうか。

一般的に青磁は鉄分を含んだ釉薬《ゆうやく》が窯の高温によって還元されて、器《うつわ》の表面に青系統の色を表す焼き物をいう。高麗青磁の特徴はまずその青さにある。

中国人は高麗の青磁を彼らのものと比べて「翡色」と表現した。「翡色」とは、つまり、ヒスイ色の青さである。その青さは、「朝鮮の秋の澄みきった青い空」とも、「ほこりなき雨後の清潔さ」とも、「金剛山を流れる碧流の青さ」ともいわれた。当時の一般的な青磁は青色とはいえ、ねずみ色や暗褐色のものがほとんどであったから、抜けるようなヒスイ色を前にして、多くの中国人は釘づけにされたことであろう。しかし、この程度の青さは常識の範囲で驚くに足らない。

よりすぐれた高麗青磁のなかには、かわせみの青さがあった。限りなく透明に近いブルーである。ヒスイ色の陶磁器を求めて外国人商人たちが高麗の都開城を出入りした。その多くは中国人であったが、遠くアラビアから来た商人たちもいた。青磁は彼らによってヨーロッパに渡るのだが、青磁が高麗と呼ばれるのはこのころで、高麗が転じて「コリア」となったのである。

高麗青磁のヒスイの青色は、高麗の陶工たちが開発した魔法の釉薬と、登り窯がおりなした究極の美であった。それが究極であるのは、後世の多くの陶芸家がそのヒスイの青磁を得ようとかまどに立ったが、誰ひとりそれに成功したものがいないからだ。朝鮮の各地に当時の登り窯が残されており、また、その製造工程も伝承によって今に伝えられているのであるが、残念なことに肝心の釉薬は秘密のベールに包まれたままである。高麗青磁はまぼろしの青磁であるのだ。

高麗青磁のいま一つの特徴は、それが象嵌《ぞうがん》技法《ぎほう》によって造られたところにある。象嵌技法とは、成形した土が乾かぬうちにヘラ状の道具で器の面に模様を陰刻し、その跡へ赤土や黒土を埋め、窯焼きを通して赤は黒く黒は白く変色させ、鮮やかな模様を浮かびあがらせる手法である。澄みきったヒスイ色の肌の下に白・黒で描かれた模様が静かに沈み、特異のコントラストをみせるその技法は、螺鈿漆工《らでんうるしこう》

芸《げい》の分野では可能であっても、陶芸の世界では考えられなかった造形表現法であった。この象嵌法の導入で高麗青磁は世界最高峰に達するのである。

今日、世界のコレクターが所蔵している青磁は、いずれもヒスイ色に象嵌を施したもので、器の種類や形態に違いはあるが、価格にして数千万円を下らない逸品である。なかでもソウル国立博物館所蔵の「青銅銀入糸蒲柳水禽紋浄瓶」は、世界に二つとない逸品中の傑作である。それは次のような水墨画の世界を描いている。

……静かな小川の風景があって、白い雲がただよっている。小川のほとりには柳の木が枝を垂らし、芦の向こうに人影が見える。水には三叟の小舟が浮き、そのあたりを水鳥が静かに泳いでいる……

この作品を前にして、日本の著名な美学者柳宗悦氏は、「なぜ朝鮮の人々は柳を愛し水鳥を愛し雲を愛するのであろうか。世界に木々の種類は多いが、柳の枝のように長く、細く、しなやかで美しい線はない。弱々しくみえるがこころの安らぎがそこにある。寂しい柳の陰に遊ぶ水鳥はなぜそこにいるのだろうか。大空のあの白い雲はなぜ動くこともなくそこにただよっているのであろうか」、と自問自答しながら見入っていたという。

辰砂《チンサ》の技法による装飾も高麗青磁の秘訣である。銅を含んだ顔料を用いる辰砂は、温度の変化によって紅色に発色し、高麗青磁に珍しく華やかな色合いを見せる。ただし、この紅色は決して濫用されることなく控え目に用いられ、高麗青磁の表情にアクセントとして花を添えることになるのである。

高麗青磁は十二世紀をピークに後退期を迎える。そして十三世紀に至っては、すき通るような青さは暗褐色に変わり、あの繊細な象嵌の線も力つきて鈍り、名作と呼ばれるものはもはや見ることはない。しかし一たび開花した文化は風化しても絶えるものではない。高麗の青磁は朝鮮王朝に引き継がれ、やがて面目を一新して粉青沙器《ふんせいさき》に生まれ変わるのである。

粉青沙器は細かい網状の模様がある象嵌焼きの陶磁器である。朝鮮王朝の陶工たちは、白土を巧みに使って、青磁を濁った乳白色の肌に造り変えた。そしてその肌に自由奔放な模様を描き、独創的な新しい美の世界を完成したのだ。しかしそれらは、究極の美を追求した高麗の青磁とは違って、遊び心で造り雑器として使用したもので、形の歪んだものもあり、まだら紋様のものもあり、一見して、未完成で、幼稚ささえ感じさせるものであった。ところがである。どこにでも転がっているようなこれらの雑器類のなかに、芸術の真価を見出し、それを活用してあらたな文化を創造していった人々がいた。それは日本の茶人たちであった。

鎌倉時代にはじまる日本の茶の湯は、室町中・後期に、従前の貴族本位の茶事に代わって、一般庶民向きの侘《わ》び茶がおこなわれ、茶道への一歩を踏み入れることとなるのだが、高麗茶碗はその侘び茶の世界に主役として登場したのである。そのころ、すでに多くの茶人は高麗茶碗を茶道用の茶碗として愛用していたし、桃山時代に至っては茶碗の主流をなす存在となっていた。ことに井戸茶碗と呼ばれた器は、茶碗の王として大名の権威を象徴するシンボルのように扱われていた。

ところで、その高麗茶碗であるが、それは高麗全盛期のあの芸術性の高いヒスイ色の象嵌青磁でなく、李朝の陶工が遊びごころで作った粉青沙器であった。なぜ粗雑ともいえる粉青沙器が愛用されたのであろうか。それは、ひとことでいえば、粉青沙器に人間的な温かみがあったからである。

当時の茶人は、俗世界から離れた静かな草庵に人を招き、喫茶を通してたがいのこころの安寧を求めることをめざしていた。千利休に代表される日本の茶人たちは、最先端を行く文化人だけに、美的感覚は鋭く確かな審美眼を持っていた。彼らが粉青沙器に見出したのは、深く静かな安らぎの世界であった。時は風雲荒れ狂う戦国の時代。せめぎ合いと殺し合いで、人々は身もこころもすさんでいた。平穏と静寂のための茶の湯には、けばけばしいほど華やかな中国の茶碗では似つかわしくない。素朴でありながら形にとらわれず、自由奔放でありながら、どことなくむなしさをただよわせる高麗茶碗。まさにそれにこそ無限に広がる侘びと寂の世界があったのである。

茶の社会では、一に井戸、二に楽、三に唐津ということばがある。茶碗の格付けを表す表現であるが、一の井戸はもちろん朝鮮の粉青沙器である。二の楽は日本産の楽焼きで、三の唐津は、豊臣秀吉の朝鮮侵略時に連れてこられた朝鮮人陶工による唐津焼きである。

今日、朝鮮の南北に名陶と呼ばれる陶芸家は多く、その名作は世界のコレクターに知られている。高麗青磁に発する伝統は、これからも絶えることなく引き継がれ、朝鮮はいつまでも、高麗青磁の故郷でありつづけるであろう。また、日本に茶の湯の伝統があるかぎり、高麗茶碗は、日本の伝統文化のなかで生きつづけることになるはずである。

●それは歴代の中国皇帝が愛用した最高品質の紙であった●

高麗紙

紙は知識を伝える媒体である。「文明の証」とも「造形の言語」であるとも言われる。欧米の人々は、紙の普及で貴族と聖職者の専有物であったバイブルが、一般庶民にいきわたることから西洋文明の世界化が進み、グローバルな今日の世界に至ったと考えている。いささかヨーロッパ偏重の見方ではあるが文明の発達で紙の果たした役割は実に大きいものがある。メディアの進歩が著しい今日においても、紙の消費量がその国の民度を推し量る基準の一つになっている。紙は今もなお「文明の証」でありつづけているのである。

活字印刷のはじまりが高麗にあったことは次項のとおりである。紙の発祥地はどこであっただろうか。

アジアの紙の発祥地は中国であるといわれている。西暦一〇五年、蔡倫が樹皮と麻を原料にして作ったことが定説になっている。おそらくそうであろう。しかしそのころ、朝鮮半島においても紙が使用されていたという事実がある。ピョンヤン近郊の大同郡の遺跡で三世紀ころの紙の痕跡が認められている。同じころ、百済の阿直岐《アジギ》が『千字文』を日本に伝えている。『千字文』は紙に書かれたものであったはずだ。時代が少し下って六一〇年には、高句麗の僧曇徴《タムジン》が来日して彩色技術と墨紙の製法を伝えている。そのことについて『日本書紀』（推古天皇十八年）は次のように書いている。

……春三月に高麗から曇徴・法定という二人の僧が来日したが、曇徴は中国古典に通じていたうえに、絵の具や紙・墨を作る名人であり、また、日本ではじめて、水の力で臼を動かした……

このような史実を総合すれば、朝鮮における紙作りは二世紀か遅くとも四世紀にはじまり、七世紀以前までには相当高い技術水準に達していたものとみられる。朝鮮が製紙の発祥地でなくても、古い時代から紙作りをおこなっていたことは事実である。

朝鮮産の紙は質が良いことで知られていた。宋の国の家臣であった孫穆は次のように書いている。

……高麗紙は潤沢で、その白色が美しいことから白硾紙と呼ばれる……絹のように滑らかでありながら、粘りがあって裂けることがない。墨を含ませて書すればよく吸えどにじむことなし。

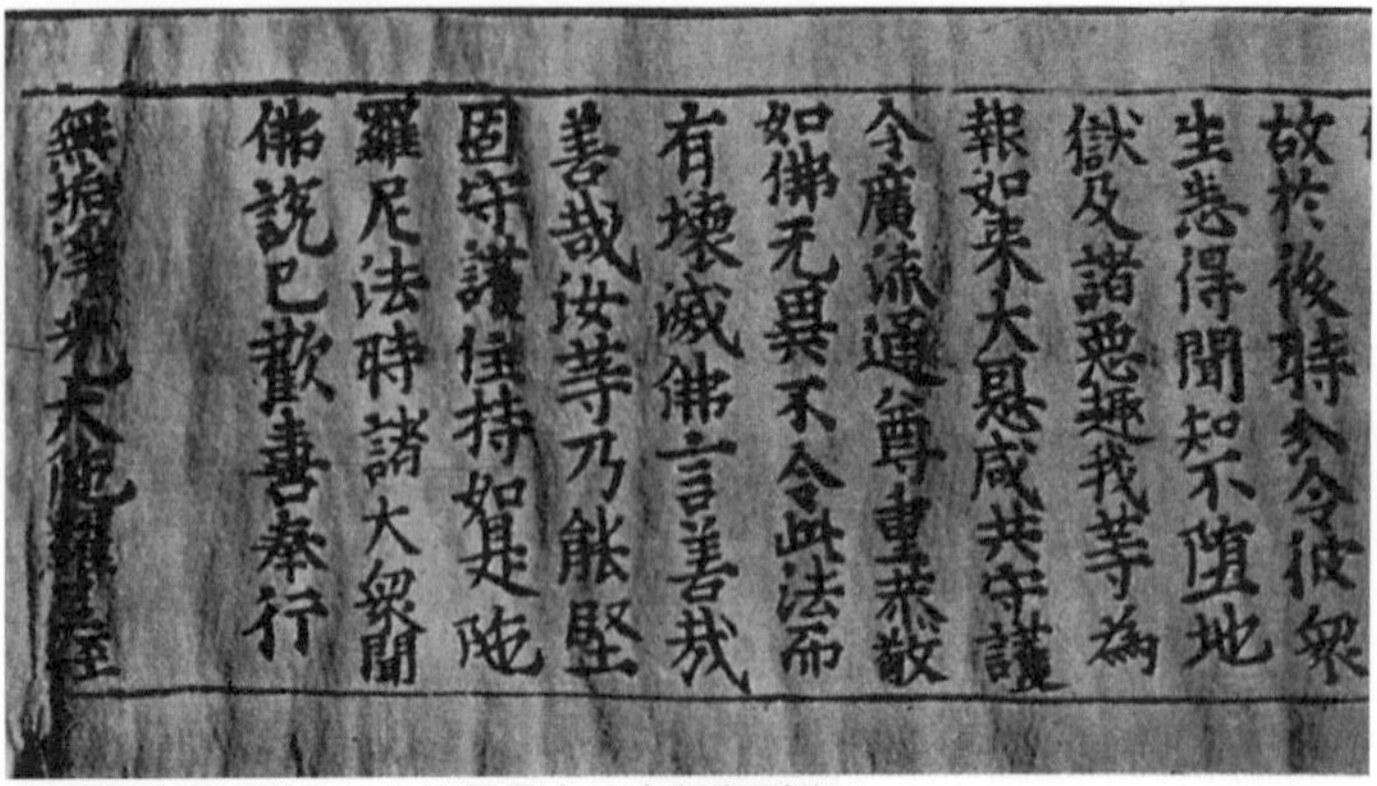
故於後時令彼衆
生悉得聞知不墮地
獄及諸惡趣我等為
報如来大恩咸共守護
令廣流通尊重恭敬
如佛无異不令此法而
有壞滅佛言善哉
善哉汝等乃能堅
固守護住持如是陀
羅尼法時諸大衆聞
佛說已歡喜奉行
無垢淨光大陀羅尼經

新羅白硾紙に刷られた世界最古の木版印刷物

まさにこれこそ絶品中の絶品である……

白硾紙を鏡面紙とも呼んだ。白硾は限りなく純な白色に近いこと、鏡面は鏡のように滑らかで透明に近いことである。中国人は高麗紙を愛用し、唐傘にも扇子にも本の表紙にも使われた。中国の歴代の皇帝は高麗に高麗紙を強く求めた。彼らは高麗紙が本当に絹でできているものと思っていた。滑らかで美しく強引に裂いても裂ききれない強さである。そこで中国では、皇帝と皇室に関するすべての公文書は高麗紙に限る、と決めていたと伝えられている。

当時使われていた高麗紙が、実際にどういうものであったかを証明する資料が、ソウル国立博物館にいくつか所蔵されている。それらは当時の仏教の経典であるが、なかでも、七七五年ころのものとみられる『白紙墨書大方香佑広仏華厳経』には驚かされる。まっ白な地肌に書かれたまっ黒な墨。しみもなくしわもない。それは時代の流れを感じさせることのない遺物であった。

ところで、この経典には興味あるもう一つの事実が隠されていた。経典の最後のところに使われた紙が、この寺院の楮《こうぞ》の木を原料にして製造されたものであるとし、製紙の工程まで記してあるのだ。

中国の蔡倫は樹皮と麻が原料であったといった。これに対して朝鮮は、新羅でも高麗でも楮であった。李王朝五〇〇年を通じても製紙の原料はやはり楮であった。

それでは楮をどのように加工して紙にしたのだろうか。

楮はクワ科に属する落葉性灌木《かんぼく》である。日本でもよく見られるが、朝鮮ではいたるところに生えているありふれた木である。ところが、ありふれた木であっても木の成分、とりわけ木の繊維が高麗紙にうってつけなのだ。楮については古くから次のような民話があった。

……新羅に大同寺《テドンサ》というお寺があった。ある日、年老いた僧侶が、なにげなく杖にしていた楮で石畳をたたいた。次ぎの日おなじ場所に行ってみると、たたいた石畳に、白いねばねばした膜がかさぶたのように張りついていた。不思議に思った僧侶は、あらためて楮の枝を切り、その切り口を石畳にこすりつけた。僧侶の予感は当たった。次の日行ってみると、やはり膜は石にしっかりへばりついていた。新羅の紙作りはこの僧侶にはじまった……

最近の研究で楮の成分が分かってきた。他の植物と違って繊維の組織方向が九〇度に交錯していることである。高麗紙の強さは繊維の組織にあった。大同寺の僧侶の着眼は実に見事であったといえよう。楮の採取は晩秋におこなった。根元から上を少し残して切り取ると、翌年再びその根から新芽が生えるからだ。楮は製紙にぴったしの原料だ。しかも手を加えることもなく自生するものであるから、資源は無限にあるといってもよい。資源としての楮の発見こそ高麗紙の原点といえよう。

すぐれた高麗紙の秘訣は原料とともに製造法の独創性にある。

高麗紙の製造はいくつかの工程でなっている。楮を大きな釜に入れて蒸し、皮をはがして乾かす。これを黒皮というが、この黒皮を流水に浸して一昼夜ふくらますと、軟らかくなる。そして表皮を取り除き数日間日光にさらして漂白する。これを白皮という。この白皮をさらに水に漬けて十分ふくらまし、石灰と木灰を入れてかき混ぜ、大釜で数時間ほど沸騰させる。次にそれを袋に入れて流水に流して不純物を除く。できあがったものを日にさらして漂白し、棒でたたいて細かく砕く。最後に砕いたものを漉き桶に漬けて紙を漉《す》く。

高麗紙は最高級の紙を追い求めつづけた高麗の紙匠たちの知恵と経験の結晶である。

製紙の工程でもっとも重要なのは不純物の除去にある。澱粉《でんぷん》・たんぱく質・脂肪・タンニンなどは変色と腐食の原因になるからだ。高麗紙には不純物除去にアルカリ性である石灰と木灰が使用された。高麗紙が数百年の歳月にも変色しない理由は、それが酸性を帯びたパルプと違って、ほとんど化学反応をおこすことがない中性紙であったからだ。

粘着剤としてとろろ葵の根から抽出したエキスを用いたことも匠たちの知恵だった。とろろ葵のエキスは繊維の配列を均一にする性質をもっている。高麗紙の強度と光沢は繊維の緻密な配列によるが、それはこのエキスの使用によるものである。

朝鮮の歴代王朝は高麗紙の生産に大きな力を注いだ。

高麗の時代は学問が非常に奨励された時期である。寺院や儒家では仏教と儒教の普及を図り、経典の印刷を積極的におこなった。高麗の対外貿易で紙が大きな比重を占めていたので、その面からも紙の需要は高かった。王朝は紙作りの専門部署を設けて各地の紙匠たちをこれに当たらせ、また、農民たちに楮の栽培を奨励し国に納めるよう命じた。

高麗紙の生産は李氏王朝のもとでより大々的におこなわれた。一四一五年には、国営製紙工場である「造紙所」を設置したが、これは、二人の提調が責任をもち、司紙一人と別提四人の管理のもとに、およそ二〇〇人の紙匠が紙作りをするといった、一つの大がかりな企業を思わすものであった。

このシステムのもとで生産された高麗紙は、『李王朝実録』など書籍となって今日まで多く残されているが、それらは新羅や高麗時代のものより質的にはるかに高い紙である。高麗紙は匠たちによってたゆまず改良され今日に至っているのである。

朝鮮のことばに「文房四友」、「農家三宝」という四文字句がある。「文房四友」は紙・筆・墨・硯《すずり》のこと、「農家三宝」は紙・漆・麻のことであるが、紙はそのいずれにも属している。紙は地位や職業に関係なく誰にも必要であるということなのだろう。

朝鮮の人々にとって紙は文房用具であると同時に生活必需品であった。その用途は大変広い。まずは障子紙として使われた。朝鮮の伝統家屋は、日本もそうであるが、通気性が大事である。湿気は梅雨どきには外から入り込み、冬は内から生ずる。吸収性の高い高麗紙はこの湿気の予防に適していた。高麗紙は寒い冬の風をさえぎり濁った夏の風をろ過するから、暑さや寒さの予防にも効果があった。強い陽射しもやわらげ、夜明けには光を映して部屋を明るくする。このように高麗紙は快適な居住空間に欠かすことはできなかった。

高麗紙は衣服にも用いられた。下着の未発達のころ、人々は吸水性と保温性の高い高麗紙を加工して身に着けたし、女性たちは生理帯としても利用した。

李氏朝鮮時代は紙工芸が盛んであった。すべてそれは高麗紙を資材として作られたのだ。工芸品の作り手は主に女性たちであった。彼女たちによって作られたものは、座布団・風呂敷・敷物のような生活用品から家具、装飾品、玩具に至るまで実に多様で、なかには芸術性の高い国宝級のものも少なくない。高麗紙は朝鮮人のもっとも身近な友であったのだ。

話のついでにここで、高麗紙と日本の和紙との関係についてひとこと触れておきたい。

高句麗の曇徴が紙の製法を日本に伝えたことは前に述べた。彼が伝えた製法はおそらく中国の蔡倫が開発した方法と思われる。なぜなら、彼は来日時に石臼を携えてきたと『日本書紀』は書いているが、パルプを石臼で砕く方法は、中国にはあったが朝鮮にはなかったからだ。

高麗紙と和紙との関係は原料の楮にみられる。高麗紙も和紙もともに楮を原料としているし、製法にも共通点が多い。曇徴以後、朝鮮半島から進んだ高麗紙の製法を持った人々が渡り住み、楮を原料とする製紙法を普及していったものと思われる。和紙が渡来人居住地域からはじまったという説がある。

『正倉院文書』に次のような記録がある。

……武蔵国紙四百八十張、筆五十管……

武蔵国といえば高句麗系渡来人の居住地区だ。そこの住民たちが紙を作って朝廷に献上したというから、彼ら渡来人には製紙が重要な産業であったのである。

●それはグーテンベルクに先んじた世界最初の発明であった●

金属活字

ここ一〇〇〇年の歴史上で、世界文化史に寄与したもっとも偉大な発明が何であったかを問えば、おそらくルネッサンス時代の三大発明をあげることになろう。たしかにそれらは、人類史に大きな転機をもたらした画期的な発明であった。羅針盤は大航海時代の幕を開け、火薬は大量破壊を可能にして戦争のあり方を変えてしまった。しかし、知識の集積と伝達機能をもつ金属活字の発明はその類ではない。それは、大量印刷と大量出版を可能にすることで、写本によってほそぼそとおこなわれていた従来の知的生活に終止符を打ち、教育・学術・宗教・文化の発展を大いに促し、文明の新時代を切り開いた。

金属活字の発明は、ドイツのグーテンベルクによるものと信じられてきた。しかし、それより二〇〇年も前に、高麗で金属活字が発明され実用化されていた事実が、近年明らかになった。一九七二年五月、ユネスコがフランスのパリ国立図書館所蔵の『白雲和尚抄録仏祖直指心体要節』を、世界最古の金属活字本であると公認したのである。

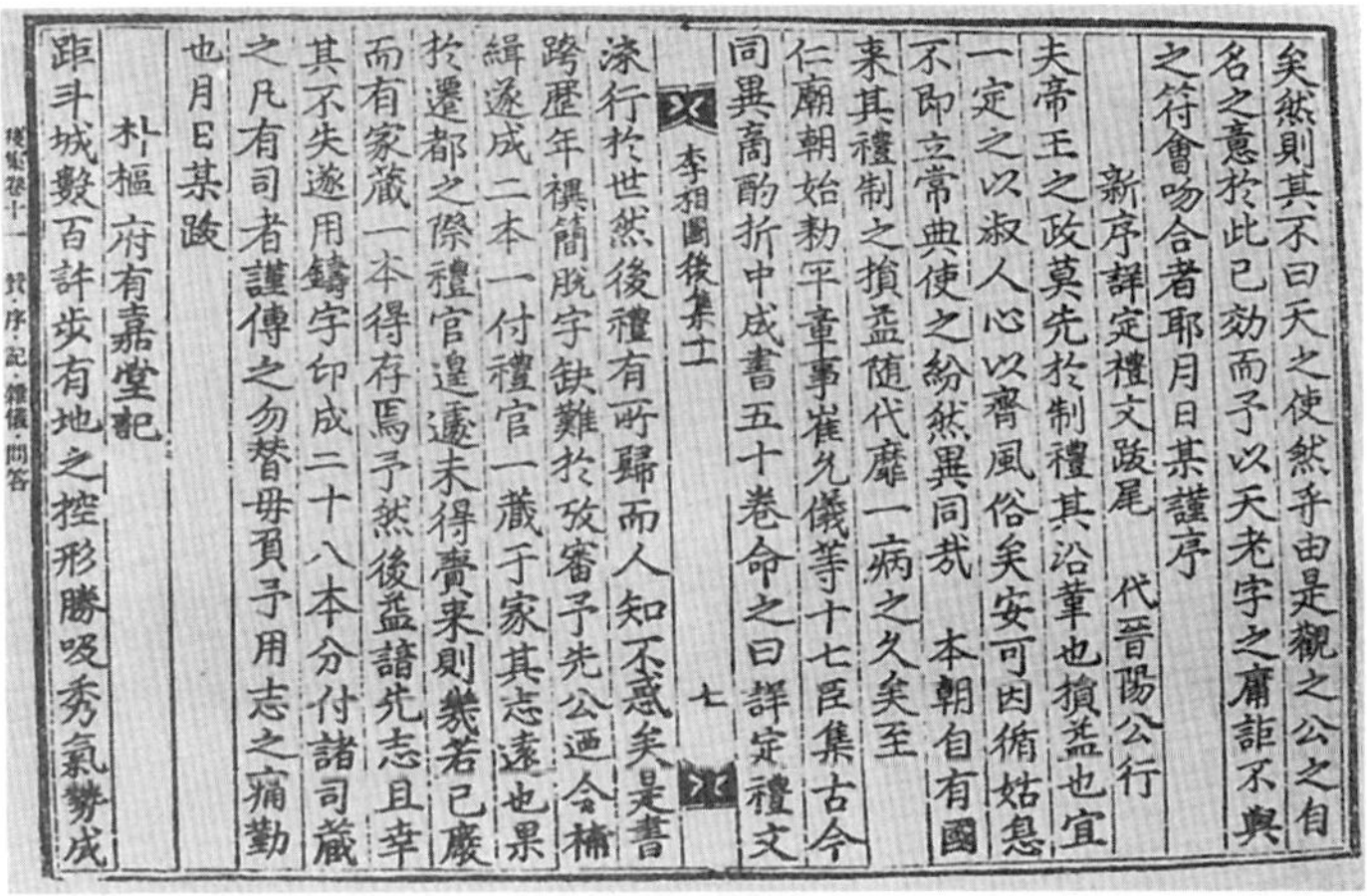

矣然則其不曰天之使然乎由是觀之公之自
名之意於此已効而子以天老字之庸詎不與
之符會吻合者耶月日某謹序
新序詳定禮文跋尾　代晉陽公行
夫帝王之政莫先於制禮其沿革也損益也宜
一定之以淑人心以齊風俗矣安可因循姑息
不即立常典使之紛然異同哉　本朝自有國
來其禮制之損益随代靡一病之久矣至
仁廟朝始勑平章事崔允儀等十七臣集古今
同異商酌折中成書五十卷命之曰詳定禮文
李相國後集十一　七
滌行於世然後禮有所歸而人知不惑矣是書
跨歷年禩簡脫字缺難於攷審予先公迺令補
緝遂成二本一付禮官一藏于家其志遠也果
於遷都之際禮官遑遽未得賫來則幾若已廢
而有家藏一本得存焉予然後益諳先志且幸
其不失遂用鑄字印成二十八本分付諸司藏
之凡有司者謹傳之勿替毋負予用志之痛勤
也月日某跋
朴樞府有嘉堂記
距斗城數百許歩有地之控形勝吸秀氣勢成
後集卷十一　贊·序·記·雜儀·問答

『直指心体要節』　現存する世界最古の活字本

一般に『直指心経《チクチシムギョン》』と呼ばれるこの本は、高麗の高僧景閑《キョンハン》が禅の思想を説くために書いたもので、彼の死後一三七七年に金属活字で印刷された。

『直指心経』がなぜフランスに渡ったのかについては、旧韓末のころフランスの軍隊によって持ち出されたもの、との説があるがその真相はさだかでない。ともあれユネスコの認定によって、高麗は金属活字発明国となり、世界各国で教科書や百科事典の書き換えがおこなわれた。日本の百科事典も例にもれず、「一三世紀末の高麗で金属活字による印刷がはじまったが、これは世界ではじめての出来事であった」と書き直している。

まずは『直指心経』が金属活字による印刷物であるという根拠から話を進めることにしよう。

その根拠の一つは『直指心経』の巻末に見られる。巻末には、この本が忠清道弘徳寺《ホンドクサ》の鋳字によって印刷されたものである、と記してある。「鋳字」とは金属活字のことであるから、明らかに弘徳寺所有の活字による印刷物であるのだ。

根拠の二つは『直指心経』に刷られた文字に見られる。その経文は縦一〇列で各列は一八文字からなっている。ところが、その列が整わず前後に乱れがあり、そのうえに、一つ一つの文字がふぞろいで、斜めあり横向きあり逆さあり、という状態になっていることだ。また、墨の付き具合にも濃淡があり、墨がまったく付かない部分も残されている。これは木版印刷には絶対ありえないことである。

根拠の三つは、そのころ活躍していた多くの文人が、金属活字の存在を認めていることである。高麗を代表する学者李奎報《イギュボ》は、モンゴルの侵略で首都を江華島に遷都した一二三四年から一二四一年の八年間に、二八冊の本を金属活字で印刷したことを伝えている。彼のこの説に従えば、金属活字の発明は、『直指心経』の出版よりもさらに百四十数年前にさかのぼることになるから、金属活字発明の正確な時期は十三世紀中頃ということになろう。

必要は発明の母という。しかし、需要があるからといってかならずしも金属活字が発明されるものではない。需要はどの国にもあったはずだからだ。それではなぜ十三世紀の高麗での発明であったのであろうか。

需要の点についていえば、高麗は文治国家であったから、教育に必要な書籍をはじめ、仏教や儒教の経典の出版が求められていた。しかしこのようなことは中国や日本についてもいえることである。重要なことは技術である。金属活字の発明にはその前提として、金属鋳造、紙の生産と印刷用インクなど、それに直接かかわる技術の開発が求められる。この点で高麗は決定的に有利な位置にあった。

朝鮮はアジアでは、青銅器をはじめ金属の加工をもっとも早く手がけた国である。新羅で鋳造された奉徳寺《ポンドクサ》の梵鐘《ぼんしょう》は芸術的に完璧なまでに完成されたものだ。その技術を直接引き継いだ高麗の技術者にとって、活字の製造はさほど難しいことではなかった。当時の金属活字がどのように作られたかについて、十五世紀の学者である成俔《ソンヒョン》は次ぎのように書いている。

……鋳字法は、まずつげの木で木活字をつくり、それを平たくした粘土に押しつけて文字の型に凹みをつける。そしてこの粘土の板を二枚合わせて、一つの穴から溶かした銅を流し込み、金属活字を得るのである……

当時作られた金属製品をもとにその生産工程をシュミレーションした研究がある。高麗の技術者は成俔がいっているように、木版の活字で鋳型を作り溶解した銅を流し込む方法を取った。小さな活字の鋳型であるから大変な苦労であったであろう。溶解の温度によっては気泡も生じただろうし、冷まし方によっては活字が収縮して使いものにならなかったかもしれない。実際のことグーテンベルクの活字がそうである。あらっぽくていかにも精巧さに欠け、形や大きさもちぐはぐだ。それに比べて高麗の活字は緻密で高い精度を保っている。

現存する金属活字は、ソウル国立博物館と朝鮮歴史博物館に各一文字が所蔵されている。前者は「顫」、後者は「覆」という漢字であるが、いずれも字画が二〇画にもなるにもかかわらず、縦横一センチにも満たない面に文字は克明に刻まれている。驚きというほかない。

その精巧さの秘密は何であったのだろうか。

活字の成分に対する科学的分析がおこなわれた。活字は主成分である銅と錫と鉛と硅素《けいそ》からなっていて、それに微量の鉄とアルミが加えられていることが判明した。たび重なる印刷に耐えうる強度と、ミリ単位の文字にまで溶解する滑らかさは、まさに合金のなせる技であったのである。高麗のすぐれた青銅技術は貨幣の鋳造にも見られる。高麗は一〇九七年に「鋳銭都監」を置いて「海東通宝《ヘドントンボ》」という貨幣を鋳造して普及するのだが、それは当時の中国や日本のものと比較にならないほどの精巧さであった。

金属鋳造術の次は紙作りであるが、製紙技術においても高麗が先進国であったことは前項どおりである。

紙の次はインクとして使われた墨だが、高麗の墨は、その黒さと滑らかさと浸透の速さに特徴があり、中国で大いにもてはやされた。

高麗で発明された金属活字は朝鮮王朝の時代に改良を重ねた。銅版に活字を立てて、それを鉛で固定させる組版法が取り入れられることによって、大量印刷が可能になった。大量印刷の要求に応じて印刷工程も専門化された。一四〇三年に設立された「鋳字所」には、活字の文字を刻む刻字匠、活字を鋳造する鋳匠、印刷をする印出匠と、これらのほかに、校正匠・均字匠・製本匠が置かれ、各匠に技術者が配置されていた。当時、金属活字による印刷がいかに大がかりにおこなわれていたかは、ソウルとピョンヤンに約九〇万個の活字が保管されていたという事実がものがたっている。

印刷された書物も膨大だ。例えば中国の歴史書である『資治通鑑』の出版だけでも五〇〇部、一一一七万ページになるが、これはグーテンベルクの活字による聖書発行枚数の一万倍に当たるものだ。

高麗の金属活字による印刷技術は、十三世紀ころに中国を支配していたモンゴル族の下にもたらされ、さらにアラブの商人たちによってアラビアとヨーロッパに渡ったものと思われる。そのころヨーロッパではマルチン・ルターの宗教改革が行われ、ドイツではドイツ語によるバイブルの普及が待たれていた。時を同じくしてルネッサンスの合理主義が全欧州を席捲していた。グーテンベルクが金属活字を思いたつにはこのような歴史的背景があった。まさにこのようなときに、高麗人発明の金属活字製造法が伝えられたことは、彼にとってまったく予期せぬ好運であった。しかも表音文字のアルファベットは何千何万を数える漢字とは違って、わずか二四文字にすぎない。かくして彼は労せずアルファベットの金属活字化に成功したのである。

金属活字の発明は、火薬・羅針盤とともにルネッサンス時代の三大発明である。もちろんグーテンベルクの功績もあった。しかし高麗の技術者たちの知恵と努力を無視して語るべきではない。

●それは世界でもっとも合理的な文字の発明であった●

ハングル文字

世界にはいろいろな文字がある。ヨーロッパの国々はイギリスもフランスもドイツもアルファベットである。アルファベットはヨーロッパにとどまらず世界の各地で使われている。アジアでは起源を異にする文字が多い。イスラム教とともに広がったアラビア文字が、イラン・アフガニスタン・マライなどで使われており、古代シリア文字に発した縦書きのウイグル文字も蒙古などの国で使われている。インドに起源をもつ文字は北方においてはチベット文字となり、南方ではタイ・ラオス・カンボジア・ミャンマー文字となって今日でも使用されている。

北東アジアを漢字文化圏と呼ぶ。朝鮮も日本も古い時代から漢字を用いてきた。日本のひらがなやかたかなも漢字がもとになっている。漢字の一部分を省くか、極端に書きくずすことによって創られたのだ。

朝鮮半島ではハングル文字が使われている。ハングル文字もやはり漢字がもとになって創られた文字だろうか。

結論からいえば、ハングル文字は世界のいかなる文字系統にも属さない、朝鮮人独自の固有な文字である。つまり朝鮮人が朝鮮語という音韻をもっとも正確に表そうと、自ら創りあげた文字がハングル文字であるのだ。

世宗《セジョン》大王は朝鮮王朝のなかでもっともすぐれた君主であった。王の上に大の文字をいただく君主は彼のほかに誰もいない。世宗の時代の朝鮮はイタリアのルネサンスを彷彿《ほうふつ》させる。大王の指揮のもと「集賢殿」に若く有能な学者が集められ、意義ある文化事業が盛んにおこなわれた。ハングル文字の創製はその文化事業のもっとも価値ある成果であった。

ハングル文字は一四四三年一月に制定された。当時ハングル文字を『訓民正音』と呼んだ。『訓民正音』とは読んで字のごとく、民を導く正しいことばという意味。漢字を読めない大衆を啓蒙するための文字であったのである。

世宗大王はなぜハングル文字の制定を思いたったのであろうか。これについて大王は次のように述べている。

……わが国の語音は中国と異なるから中国の文字と互いに通じない。ゆえに愚かな民はいいたいと欲するところがあっても、ついにその心情を述べることができない。余はこれを哀れに思い新しく二八字を制定した。人々がこれをたやすく習い日用に便利ならしむためである……

大王のこのことばには、当時の朝鮮人の言語生活における問題点が示されている。なにが問題であったのか。それは、ことばは朝鮮語でありながらそれを筆記する手段は漢字である、という言文不一致にあった。漢字は便利な文字である。しかし、まったく異なった音韻体系と文法をもつ朝鮮語とは相いれないもの。そのぎこちなさは、丸い穴を四角のござで繕《つくろ》うようなものである、と当時の学者もいっている。

言文不一致の解決はこの民族の長年の宿願であった。もちろんそのための努力はなくもなかった。たとえば新羅には、漢字の音と訓を借用して朝鮮語を表記する「郷札表記法」があった。しかしこの表記法は、日本では万葉がなとなって成功するのだが、音韻の数の多い朝鮮語にはなじまず、長くつづくことはなかった。それに代わって考案されたのが、主たる漢文に朝鮮語の吐(助詞)を挟んで表記する「口訣」というやり方である。しかしこれも、漢文学習の方法であって表記法といえるものではなかった。

言文不一致のアブノーマルな言語生活に終止符を打つためには、朝鮮語に見合った独自の文字が必要であった。独自の文字を創ろうと学者たちは研究に没頭した。彼らのもっとも大きな関心事は朝鮮語の音韻体系にあった。『訓民正音』創製の功労者であった成三問《ソンサンムン》などは、十三回も中国の明に足を運び、音韻学的見地から各国の言語との比較研究をおこなった。

苦心のすえ創られた『訓民正音』とはどのような文字であったのか。創製者のひとり鄭麟祉《チョンインジ》は次のようにいっている。

……正音二十八字は転換が窮まりなく、簡にして要、精にして通じる。それゆえに智者は朝が終わらぬうちに会得し、愚者であっても十日もすれば学ぶことができる。これをもって漢文を解釈すれば、その意味を知ることができ、これをもって聴訟すれば、その情状を把握することができる。字韻は清と濁とがよく区別され、楽歌と律呂とがうまく合い、用いるところに備わざるなく、往くところに達せざるはない。風の音、鶴や鳥の鳴き声、犬の吠える声さえ、ことごとく書き表すことができる……

『訓民正音』は鄭麟祉が指摘しているように、朝鮮語の音韻にまったく合致する文字であった。その合理性はまずそれが表音文字であるところにある。表音文字が言語史上もっとも発達した表記手段であることは誰もが認めることである。

ハングル文字は基本的に十の母音（ㅏㅑㅓㅕㅗㅛㅜㅠㅡㅣ）と十四の子音（ㄱㄴㄷㄹㅁㅂㅅㅇㅈㅊㅋㅌㅍㅎ）の組み合わせで成り立っている。この点からすれば英語のアルファベットと同じである。たとえば朝鮮語で「学校に行く」を「학교로 간다」と書く。これをアルファベットに置き

替えれば「ｈａｇｇｙｏｒｏｇａｎｄａ」となるのだ。

ハングル文字は表音文字でありながら同時に音節文字でもある。アルファベットのように母音と子音を横並びに羅列するのでなく、それを組み合わせて一つの文字として書くのである。例えば日本語の山を朝鮮語では「サン」というが、アルファベットでは「ｓａｎ」と横並びであるが、ハングルでは母音と子音を組み立てて「산」と書く。この際、「ㅅ」は初声、「ㅏ」は中声、「ㄴ」は終声となる。つまり一つの文字を三位一体として組み立てるのである。

ハングル文字の合理性は字形にも現れている。ひところ一部の言語学者のなかで、ハングル文字はその字形からして蒙古のパスパ文字の影響が見られる、という見解があったが、それはまったく根拠のない話だ。ハングル文字の字形は発音器官を模して創られているのである。子音の基本字は、それが発音される歯・唇・舌・喉などをかたどっている。例えば「ㄱ」は喉をしぼりこんだ形であり、「ㄴ」は舌が曲がって上顎につく形である。「ㅁ」は口をつむった形で、「ㅂ」は一旦つむった口から息を出す形であるのだ。母音は宇宙を構成する天と地と人を形象化して創られた。

『訓民正音』は最大限の音の表記も可能とする文字である。「集賢殿」の学者たちは、世界万物には、そのものの属性を表す音が備わっているから、それを表記する文字があって当然である、といっている。まさに彼らがいうとおり、『訓民正音』は最小限の母音と子音の組み合わせで、最大限の音の表記を可能にした。

李王朝の哲宗《チョルチョン》王の時代に、一人のパンソリ歌手が王宮に招かれて鳥のこわいろを披露することになったが、そのこわいろがあまりにも迫真にせまったので、ソウル中の鳥が王宮の空に群がり、都が一瞬にして暗闇になってしまった、という話がある。朝鮮語の発音の豊かさを示す小噺であるが、ハングルはそれらすべてを文字に書き写すことができるのである。風の音や動物の鳴き声はもちろんのこと、世界各国のことばの発音でさえ正確に書きとどめるのである。ハングルは世界共通の発音記号であるといっても過言ではない。

『訓民正音』の創製は朝鮮文化史上画期的な出来事であった。言文一致により文化の発達が促された。世宗大王は自ら李王朝をたたえる『龍飛御天歌《リョンビオチョンガ》』をハングルで詠み、また第二王子に命じて、釈迦の一生をつづった『釈譜祥節《ソクポサンジョル》』を国訳させた。

ハングル文字による創作活動も盛んにおこなわれた。

鄭徹《チョンチョル》と尹善道《ユンソンド》は李朝を代表する詩人で漢文を得意としていたが、創作はもっぱらハングル文字でおこなった。鄭徹は長編詩の歌辞に長じ、尹善道は日本の俳句に当たる短歌の時調を好んで作ったが、彼らの作品には、美しい朝鮮語がおりなす情景が見事にまで描きつくされている。

『訓民正音』の普及で国民の識字率は高まり大衆文化が開花した。

朝鮮王朝の中・後期は大衆文化が大いに栄えた。歌辞や時調のジャンルには社会の底辺にいた女性たちが進出し、多くの名作を残している。小説のジャンルは作者不明の庶民の作品が主流であった。あの不朽の名作『春香伝《チュンヒャンジョン》』も『沈清伝《シムチョンジョン》』も無名作家の作品であるから、ハングル文字が名もない庶民を超一流の文豪に育てあげたことになる。

『訓民正音』が制定されて五百数十年過ぎた。ハングル文字は今日もこの民族の文化をささえつづけている。民族は南北に分断されているが、ハングル文字は南北共有の文字であるから、ハングル文字こそ民族統一の象徴といえよう。

一九九七年、ユネスコは『訓民正音』を世界記録遺産に登録している。

●それは世界海戦史上はじめて見る艦船搭載用大量破壊兵器の出現であった●

火薬武器

火薬が兵器として使われた歴史は浅くない。八世紀の唐の時代に発明された火薬は、宋と元の時代には実戦に使われていたが、理論的に完成をみるのは明の時代になってからである。

朝鮮においては、『世祖実録』の記録によれば、火砲と呼ばれる火薬武器が新羅にはじまり、それが高麗の時代に整備され、李朝になって完成したことになっている。高麗の時代に武器の改良が盛んにおこなわれた。『高麗史』は、一〇三二年には朴元綽《パクウォンタク》という人物が「雷礎石砲」のほか二四種の武器を開発した、と伝えている。しかし、恭愍《コンミン》王の時代に中国から硝石と硫黄を輸入したという記録があることから、火薬自体は中国からの輸入に頼っていたものと思われる。

朝鮮が独自に火薬を開発・生産し火薬武器を造りはじめたのは、高麗政府内に「軍器監」という役所が設立された一三五六年ころからである。「軍器監」の設立には日本の倭寇という存在が背景にあった。まずは、倭寇にかかわる当時の状況から見ることにしよう。

倭寇とは日本の海賊のことである。倭寇の高麗侵入は一三五〇年にはじまる。『高麗史』は次のように書いている。

……倭が固城・竹林・巨済を侵した。倭寇の侵略はこれにはじまる……

倭寇は地方から都に運ばれる米運搬船や各地の穀物貯蔵庫を襲い奪っていた。初期のころは、秋の収穫期に沿岸地方の農家を襲って主に食料などを奪っていたが、次第に時期を選ばず内陸深く侵入し、時には都にまで押し入って略奪するという横暴ぶりであった。

高麗の政府は特使を日本に派遣して倭寇の取り締まりを強く要求していたが、室町幕府は有効な対策が取れず長らく野放し状態がつづいた。そしてついに、一三八〇年に至って、『高麗史』が、「倭船五〇〇隻が鎮浦《チンポ》に侵入し、手当たり次第に人を殺し略奪をおこなった。屍が山野をおおい、奪った米の船積み時に捨てられた米が厚さ一尺にもなった」と指摘しているように、手のつけられない状況になっていた。高麗政府が「軍器監」を設立しなければならなかった事情がここにある。

崔茂宣《チェムソン》は下級官吏の息子であったが、燃えるような愛国心の持ち主であった。彼は二〇歳の若さで「軍器監」に抜擢されると、火薬と火薬武器の開発に取り組み、その関係資料を精力的に収集し、研究の日々を送っていた。火薬兵器が倭寇粉砕のもっとも有効な手段であることを確信していたからである。しかし、当時の火薬生産国は世界で唯一中国だけであったし、しかもその技術は門外不出の秘密のベールに包まれていたから、手がかりをつかむことさえ容易でなかった。この間の彼の苦労について『太祖実録』は次のように書いている。

……対倭寇戦略で火薬が効あるものと認められるが、その製法に熟知する者なし。時に崔茂宣なる者がいて、たびたび礼成江《イェソンガン》の港に足を運び、江南の商人に接して火薬の製法を得んとする。ついに上客李元からその妙法を得る……

この記録に見るように、そのころ、彼は高麗に出入りする中国人に接近し、火薬製造法を聞き出そうと、毎日、港の周辺を徘徊《はいかい》していた。彼が火薬の知識をもった李元という人物に巡り合うまで数十人の中国人に接したはずである。彼が李元から聞き出した火薬に関する情報は、その後の研究と実験の経緯からすれば、おそらく焔硝煮取法《えんしょうしゃしゅほう》であったと思われる。

崔茂宣は台所のかまどや床の下から、灰やすす、ほこりなどをかき集め、これにトイレにこびりついた黄色い垢を加えた。灰やすすやほこりに微量ながら含まれている炭酸カリウムを、トイレの垢の窒素アンモニウムと反応させるための知恵であったのだ。そして、それを水に溶かして煮つめることを繰り返した。それはちょうど、塩の精製過程に似て、これを繰り返すほどに純度の高い焰硝が生成されていったのである。

実験の成功に力を得て、彼はさらに研究を進めた。たび重なる実験で焰硝は三〇〇度の熱で発火することが分かった。問題は瞬時にその温度をどう獲得するかである。試行錯誤のすえ、彼はついに、木炭を可燃剤に、硫黄を点火促進剤に使う方法をつきとめ、実験を重ね、いよいよその成功の日を見ることになった。

大将軍砲《テジャングンポ》

一三七七年。高麗政府は「火筒都監《ファトントガム》」を設置し、崔茂宣をその任（提調官）に当てた。「火筒都監」は火薬と火薬兵器の開発・生産を監督指導する役所である。全国から志のある多くの有能な技術者が集められた。

「火筒都監」で崔茂宣が開発した火薬兵器は一八種にも及んだ。なかでも「大将軍砲《テジャングンポ》」と呼ばれた大筒の威力は大変なものであった。大砲の直径九六・九ミリ、長さ八五九・五ミリ、重さ六二・八キログラム。発射角度四五での最長飛行距離は一〇六〇メートル、最大高度は二七〇メートルである。

崔茂宣開発の兵器の威力をものがたる記録が『李王朝実

録』にいくつか見られる。『太宗実録』には次のような記述がある。

……太宗三（一四〇七）年「軍器監」にて兵器の発射実験をおこなった。その威力すこぶる高く、従前（元の火器）に比べて二倍に増す。同席の日本の使臣大いに驚く。王こころよく三三名の者に米俵を下賜し労をねぎらって称える……

……「慕華館」にて火砲の発射実験をおこなった。明の火砲は五〇歩先の目標に当たらず。比べて我が火砲はことごとく命中して防塀を崩す……

崔茂宣の火薬と火薬兵器の開発の目的は倭寇撃退にあったので、海戦に利用可能なものであらねばならなかった。そこで彼は、研究設備と技術陣を、高麗水軍の猛将羅世《ナセ》将軍の陣営に移して、彼の協力のもとに、海戦用兵器の改造と、火器搭載用軍船開発に乗り出した。彼は兵器の重量を軽くし、火薬を湿気から守る防湿策を立て、火薬兵器使用による海船の戦術などにも知恵をしぼった。

彼によって考案された軍船は、火薬のさく裂に耐えうる頑丈さと、火薬と砲弾と兵員の重さにも持ちこたえる浮力を持ち、しかも海上を縦横無尽に駆けることが可能であるよう設計されていた。後の時代に、李舜臣《イスンシン》将軍が組み立てた亀甲船は、これを原型にしたのである。

そしていよいよ火薬兵器が海戦でその威力を発揮するときが到来した。

一三八〇年八月某日。高麗政府は、倭寇の大軍が鎮浦に侵入して、強奪と殺戮《さつりく》をはじめたという報告を受けると、羅世将軍に火器船団の即刻出撃を命じた。この戦いに崔茂宣は副元帥として参戦した。敵の軍船五〇〇に対してこちらはわずか一〇〇隻。しかし、このとき、一〇〇隻の軍船に分乗した兵士たちは並の兵士ではなかった。

彼らは、「火筒都監」の設置とともに新設された「火筒放射軍《ファトンバンサグン》」という、一〇〇〇人編成の火薬兵器専門部隊であったのだ。戦いは高麗水軍の大勝利に終わった。戦線の状況について『高麗史』は次のように書いている。

……鎮浦に至り高麗の軍船は火砲を発射した。敵船は燃え上がり火の粉と煙は空をおおった。倭寇の兵は火に包まれ、海に呑まれて死せる者の数知れず……

この戦いは世界海戦史上、艦船に火砲を設置して戦ったはじめての海戦である。ヨーロッパの歴史では、一五七一年のレパント海戦（ベネチア・ゼノバ・エスパニア連合艦隊のトルコ艦隊への攻撃）が最初とされているが、それは高麗のこの海戦から二〇〇年後の戦いであったのである。

崔茂宣は晩年に火薬と兵器製造に関する『火薬修練法』と『火砲法』を著したが、それは李王朝の「軍器監判事」になった息子崔海山《チェヘサン》によって引き継がれた。

亀甲船

●それは豊臣秀吉の船団を撃破した世界最初の鉄甲船であった●

朝鮮は陸地が海に長く突き出た半島の国。三面が海に囲まれているから海洋国家といえよう。当然のことながら、古い時代から造船技術が発達し、近隣諸国との交易を盛んにした。朝鮮半島から渡来人が玄界灘を渡り、日本に住みはじめたのが弥生時代である。当時すでに相当発達した海洋技術をものにしていたと思われる。

九世紀の新羅に張保膏《チャンボゴ》という人物がいた。全羅道の海岸と島々に根拠地を置いて、対日・対唐貿易を独占的におこなっていた豪商であるが、彼は頑丈な商船を持ちすぐれた航海術を習得していた。

しかし、朝鮮の造船技術の発達はこのような平和的な交易よりも、むしろ戦争によるところが多かった。軍備に最新技術が取り入れられるのはむかしも今も変わりない。半島の朝鮮での戦争は、陸戦は北の大陸からの侵略者との戦いであり、海戦はもっぱら日本の海賊・倭寇船団との戦いであった。朝鮮の本格的な軍船は十三世紀の高麗に出現した。倭寇にさんざん悩まされた高麗は軍船とその兵器の製造に大きな力を注いだのである。

高麗がはじめ手がけた軍船は衝破海戦用の軍船であった。衝破戦とは堅固な船で敵船を突き破る体当たり戦法である。これは倭寇の特技的戦法である接近戦術に対抗するのに効果的であった。対倭寇戦では、また、敵がこちらの軍船に飛び乗れないように工夫する必要があった。なぜなら、倭寇のもうひとつの特技は、フンドシ一枚身に付けたつわものたちが、群れをなして刀を振りかざし、こちらの船に飛び込んできて戦う斬り込み戦術にあったからだ。そこで船体を屋根でおおった板屋船が考案された。亀船と呼ばれていたその船は対倭寇戦にうってつけの軍船であった。

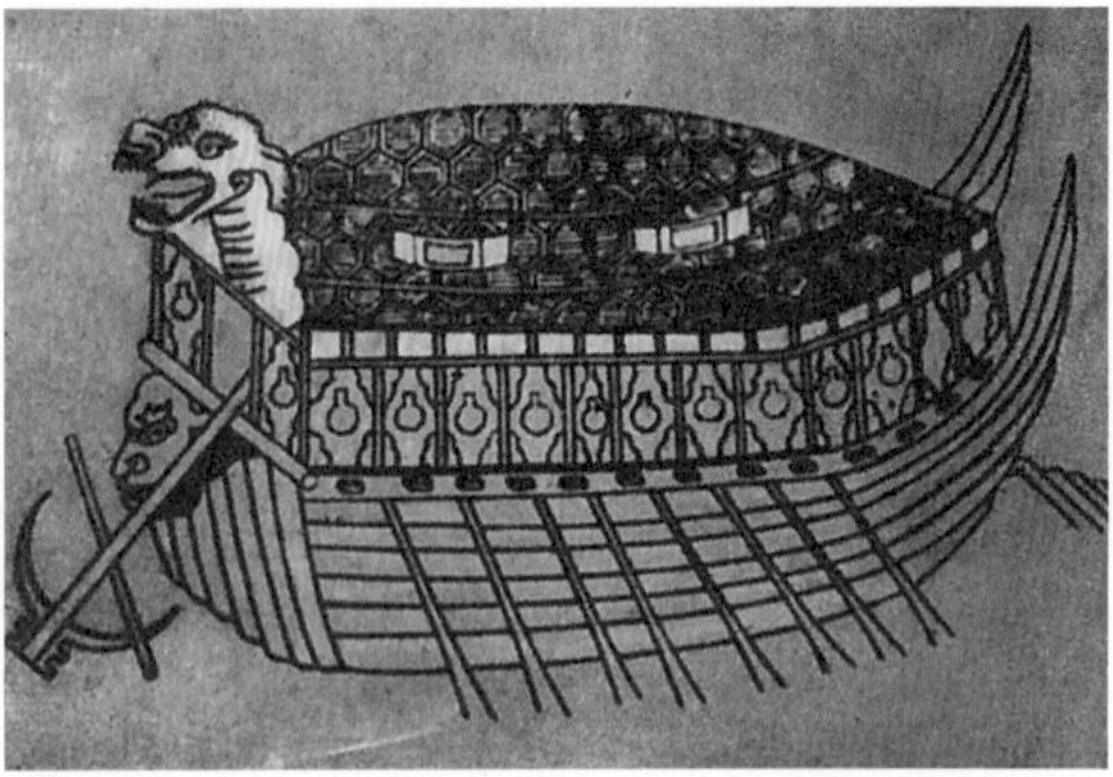

亀甲船《コブㇰソン》

その亀船が威力を大いに発揮するのは時代が少し下ってからである。十六世紀末の宣祖《ソンジョ》王の時代。壬辰倭乱（文禄・慶長の役）を控え、武将李舜臣《イスンシン》が全羅左道水軍節道使に任命されるが、彼の登場とともに亀船は様相を新たにして、南海の軍港にその勇姿を現すのである。

李舜臣。彼はほまれ高い海戦の名将。三一歳にして武科に合格し、いくたびも軍功を重ねたきっすいの軍人である。高潔を信条とし文才にも長《た》け、誣告《ぶこく》にもめげず、白衣従軍の身にあっても戦うことをやめなかった彼を、後の人々は軍神李忠武公と称えている。そのような名将のもとで、亀甲船《コブクソン》がその実力を存分に発揮することになったのは、まさに歴史の必然ということになろう。

李舜臣は日本の侵攻に備えて軍船の建造と修理に力を注いだ。彼の部下に羅大用《ナデヨン》という造船技術に才能を持った人物がいた。李舜臣は彼を活用して、先代の板屋亀船が対倭寇軍船としてよりよく機能するよう改良を重ねた。

それでは、李舜臣が改良・建造した亀甲船とはどのような軍船であったのであろうか。

当時、李舜臣の部下として従軍していた甥《おい》の李芬《イブン》は『李舜臣行録』のなかで次のように語っている。

……それは板屋船ほどの大きさである。屋根は板でおおわれた。板の上には十字形の狭い通路を設け、そこを兵士が往来した。通路以外はどこも刀や槍を施し、どこからも乗り込めないよう工夫されている。船首の竜頭には砲口があり、船尾にも砲口が備えられた。その形が亀に似ているので亀甲船と呼んだ。敵と接戦するときには、草などで偽装して武器の所在を隠し、猛烈に突撃して敵船を打ち破った……

李舜臣建造の亀甲船は『忠武公全書』にその全体図が描かれている。それらを総合してみると、亀甲船の構造と能力はおよそ次のようになる。

船の長さ二八メートル。最大幅九メートル。高さ六メートル。櫓は左右に二〇本。砲穴七四個。ハッチ二八個。船の屋根は鉄板、鉄板に無数の鋲《びょう》を張りつけている。船首に亀頭をとりつけ、硫黄や焔硝を燃やしてはき出させた。船室は二層からなっている。下層は武器庫と兵士の休息室。上層は船長室と将校の休憩室。火砲など攻撃用装置は上層に備えた。

亀甲船の特徴は、その構造が精巧でありながら堅固であることと、運行が自由自在であることだ。船の大きさは日本の軍船の二倍以上。帆走もでき、櫓でこぐこともできた。時速二〇キロほどのスピードで神出鬼没の敏捷《びんしょう》さを発揮した。

亀甲船の最大の特徴は接近戦のための軍船であったことである。当時の海戦は敵船に乗り込んでの肉迫戦が基本であったから、それを防備しなければならない。この点において、船上を鉄板でおおいつくし、針のような鋲を張りつけた亀甲船の設計は、倭寇の斬り込み隊や鉄砲隊に、寸分のすきを与えるものではなかった。それに加えて、亀甲船は重火器で武装した軍船であったから、手をこまねいている敵陣のなかに臆することなく入り込み、火力による無差別的集中砲火も可能にした。亀甲船のこのような機能から、まさにそれこそ、新しい火砲戦時代の戦術にかなった世界最初の軍船であったといわなければならない。

それでは李舜臣はこのような亀甲船団をどのように指揮したのであろうか。海戦をまじかに控えた一五九二年の春、彼は『乱中日記』に次のように書いている。

……

三月　八日――今日、亀甲船用の帆の生地二九匹を受け取る。

三月二七日――亀甲船上にて大砲の射撃を試す。

四月一一日――船上に帆を張る。

四月一二日――食後に軍船を外洋に出し、地字砲と玄字砲を試す。

……

彼は亀甲船の能力を確認する一方で、新しいパイロットプランに従った乗組員の操船訓練を入念におこなっていたのであった。そして緒戦の「唐浦沖海戦」で大勝すると、国王への報告書『唐浦破倭兵状』のなかで次のように書いている。

……私はかねてより倭との戦に備えるべく亀甲船の建造を進めてきました。船首に竜頭を置きその口から大砲を撃ちます。背は板で屋根を葺《ふ》き、鉄の鋲を一面に針のようにうち付けました。

内から外は見えても外から内を見るのはまったく不可能です。数百隻の敵船のなかにおいても火砲の使用が可能であります。今回の戦いでは、亀甲船の将兵たちが敵陣に突撃し、天字・地字・黄字など、各種の銃筒による砲撃を加えましたが、これが功を奏して成果を収めました……

この報告書で明らかなように、李舜臣将軍の戦法は亀甲船の能力を最大限に活用することであった。猛スピードで速やかに敵陣に入りこむこと、衝破戦法を駆使して敵の船を木っ端微塵《こばみじん》に撃破すること、そして集中砲火を加えてことごとく焼き払うこと、それは亀甲船ならではの一網打尽の殲滅《せんめつ》戦法であったのである。

李舜臣将軍の亀甲船の軍略については数多くの資料があるが、日本の研究者による『日本戦争の歴史』は、その戦いぶりを次のように書いている。

……彼（李舜臣）は右水使李億棋《イオクキ》の応援をえて、五月四日、板屋船（亀甲船）二四隻、狭船（中船）一五隻、鮑作船（小船）四六隻、計八五隻の艦船をひきいて、根拠地の麗水を出港した。まず、巨済島の東方に進出し、玉浦に停泊していた藤堂高虎・堀内氏善らの大小五十余隻からなる船隊を外洋におびき出して、これに殲滅的な打撃を与えた。この最初の海戦で、李舜臣は日本軍の艦船二六隻を火矢で焼き沈めた。

再度出撃した李舜臣は、五月二九日、本土四川の停泊地で輸送船一三隻を全滅させ、さらに六月一日、弥勒島の店浦に亀井滋矩の艦船二一隻をおそって、その大半を焼き沈めた。四日には李億棋の艦船二五隻と合し、固城半島のつけねにある唐項浦に集結していた、加藤清正の水軍らしい大小三三隻を攻撃して、これを焼き尽くした。次いで六日には、巨済島の南端にある栗浦の西方洋上で、来島通久の水軍を全滅させている。この二回目の出撃は実に精力的な作戦で、その戦果は驚くべきものがある。しかしさすがに李舜臣の水軍も疲労困憊し、また食料も尽きたので、根拠地に帰還した。

こうした朝鮮水軍の活躍を聞いて、この月二八日、豊臣秀吉は九鬼嘉隆・加藤嘉明・脇坂安治らに、その艦船を集結して敵船隊を掃討すべしと命じた。安治は九鬼・加藤の船隊が来るのを待たず、七月六日、単独で六十余隻の艦船をひきいて熊川を出港した。一方その前日、李舜臣・李億棋の船隊もまた根拠地を出港していた。両船隊は七日、巨済島と固城半島の間の水道で接触したが、李舜臣は脇坂の船隊を巧みに閑山島西北に誘導して決戦を挑み、大小の艦船三九隻を焼き沈めた。

たびかさなる敗戦に水軍の非力を知った秀吉は、巨済島および要衝の海口に城塞をきずいて、水軍の根拠地にすることを命じ、みだりに洋上で海戦をおこなうことを禁じた。……

それから二〇〇年あまり過ぎた一九〇五年五月、玄界灘と朝鮮の東海は日露海戦の場と化していた。玄界灘を北上するロシアのバルチック艦隊を、時の連合艦隊総司令官東郷平八郎がひきいる日本軍が打ち破り、戦争は日本の勝利に終わった。祝勝の宴会で新聞記者たちは東郷を称え、英国のネルソン提督と朝鮮の李舜臣将軍にも勝る軍功であったと、彼を大いにもちあげた。これに対して東郷は、「いや、ネルソンに勝れど李舜臣には及ばない。足元にも及ばない」と答えた、と同席していた海軍中佐川田巧が後になって述懐している。

三　究める

●それは一二〇〇年の伝統を持つ世界最古の大学であった●

成均館

朝鮮は古来よりの教育立国である。学問を崇拝し文人を尊ぶ風潮はこの民族特有の気質である。国民の教育熱は高く、学問至上主義ともいえるほどの学風が、この国に深く根づいていた。人々は、ものごころがつきはじめる四、五歳のころから本を読みはじめ、科挙試験に合格するまで、ひたすら学問一筋にはげんだ。記録には八〇歳の高齢にしてやっと合格した例さえある。

朝鮮での大学設立は高句麗にはじまった。高句麗は教育を国家的事業と位置づけ、「太学」という名の高等教育機関を設立して人材を養成した。新羅にも「国学」という名の大学があったし、百済には記録上では大学の存在が認められないが、多くの博士たちが教育に携わっていた。四世紀の日本、応神天皇の時代に、『千字文』と『論語』を持って来日した百済の学者王仁《ワンイン》も数多い博士のなかの一人であった。

朝鮮での本格的な大学教育は高麗にはじまる。九九二年、首都開城《ケソン》に「国子監《クッチャガム》」という大学が開設された。「国子監」とは、読んで字のごとく、国の担い手を養成するための教育機関という

開城の成均館

意味である。

なぜ高麗に大学が必要であったのであろうか。

当時の高麗は、新羅や後百済との覇権争いを終えて、やっと国を統一したばかりであった。内にあっては速やかに国家の体制を整え、外に対しては、高句麗の失地回復を図らなければならないが、長い戦乱のためその担い手が乏しかった。戦時には勇猛果敢な将軍がおればことがすんだ。しかし、国家の統一をなした現在にあっては、国を統治し運営するための人材を各処に当て、国家の安泰と繁栄を図らなければならない。教育は国家百年の計ということばがあるが、まさにそれは、新生高麗に当てはまることばであった。

当代の高麗王睿宗《イェジョン》は教育の重要性について次のようにいっている。

……文武の両学は国家教化の根源である。早く指揮をとって両学を建てなければならない。そして諸生を養育し、将来の宰相・将軍の抜擢に備えるべきである。また、首都と平壌・慶州の三京と、地方の重要な行政地区の長は、文科出身者をもってし、彼らには学事の管轄権をも与え教育の振興を図らなければならない……

彼のこのことばには、高麗国がめざす国家的ビジョンと教育の方向が明確に示されている。高麗は文治国家であること、有能な官吏によって運営される中央集権的官僚国家であること、そして、「国子監」はまさに、国家の中枢にあるべき人材を育成するための最高学府であることである。

「国子監」とはどのような大学であったのだろうか。

「国子監」は総合大学で、国子学・太学・四門学・律学・書学・算学の六個の単科大学からなっていた。これを「京師六学」とも呼んだ。国子学・太学・四門学は経学を基本にした人文社会学科であり、律学・書学・算学は科学技術や実用的学問を教える専門学科であった。

学生の定員は総数一一〇〇名。人文社会系の九〇〇名に対して専門学科は二〇〇名。人文社会の三学科には文武三品から七品までの両班の子弟を、そして専門三学科には、下級官吏と平民の子弟を受け入れた。この定員制は科挙制度の決まりに基づいている。つまり官僚の中枢は七品以上の両班が占め、それ以下の者と庶民は、実務および技術官吏として文武両班を補助するものであったのである。

教官は大学専任の博士と助教が務めたが、特別講座をたびたび開設して、当代一流の学者を講師に招いた。

都の開城には「京師六学」のほかに「太医監」と「司天台」という教育機関があった。「太医監」は医科大学で医師を養成し、「司天台」では天文・地理・陰陽《おんみょう》の教育をおこなって各分野の技術官吏を養成していた。

「国子監」の教育は国が定めたカリキュラムにそっておこなわれたが、それは例えば、『論語』は一年、『尚書』は二年、『周易』と『左伝』が三年といった具合に、科目の内容と必須時間が厳格に決められていた。

当時の高麗の学風について、開城を訪問していた宋の使臣徐兢は、見聞集『高麗図経』のなかで次のように書いている。


……最近、使者が高麗の地に行って知ったことだが、「臨川閣」には数万巻の蔵書があり、「清燕閣」にも経・史・子・集の四部の書が充満している。「国子監」を建てて人材を育成し選んで国事に当てているが、なかなか備わっている。校舎は新しくて広く、制度もよく整っている。諸生たちは、朝廷の官吏に列して威儀をみやびやかにし、ことばと風采を備えている。また、村や里に経館や書社が並んでいる。庶民の子弟は、未婚者は群居して師に従って経書を習い、やや長じては友を選んでそれぞれ類をもって集まり、仏寺や道館を借りて講習している。しもじもの者や幼い子どもまでが、郷先生に従って学んでいるとは。ああ盛んなるかな高麗の学風……

一三九二年。朝鮮半島に革命がおこり、高麗の王氏政権に代わって朝鮮の李氏政権が出現した。李氏王朝は「崇儒排仏」のみ旗をたてて、仏教の旧勢力を締め出す一方で、儒教による新体制構築と教化を図り、教育に大きな力を注いだ。

とりわけ開祖の李成桂《イソンゲ》は教育熱心で、建国直後に都を開城からソウルに移すと、まっさきに大学の設立に取りかかり、現在のソウル鐘路区明倫洞に、「国子監」の後身である「成均館」を開設した。

また、ソウルに中等教育機関として「四部学堂」を、そして全国の地方行政の中心地に「郷校」を設立した。「成均館」、「四部学堂」、「郷校」はすべて官学で、官吏育成のための一貫した教育システムをなしていた。

新設された「成均館」は儒学の殿堂にふさわしい風格を誇っていた。儒教の神様である孔子を祭った「大成殿」、歴代の賢者の業績をしのばせた「東撫」と「西撫」、大講義室である「明倫堂」

と、事務会計を取り扱う「正録所」、学生たちの寄宿舎である「東斎」と「西斎」、そして食堂と「尊経閣」と呼ばれた図書館。これらは、儒教国家の最高学府はこうあるべきだといわんばかりの象徴的な学舎であった。

「成均館」に対する李王朝の期待と思いこみは並々ならぬものがあった。「成均館」の運営のためにと膨大な国有地を与えたし、また、京畿道と全羅道には、付随する農園と漁場まで提供させていた。国家財政を惜しみなく注ぎこんでの支援である。そればかりでない。国王自らは、世継ぎの世子と王侯貴族の子弟の名簿をリストアップし、有能な者に対しては、勅令でもって入学を命じた。エリート養成に徹した英才教育システムであったのだ。

朝鮮王朝の教育は官僚制度と深くかかわっている。朝鮮王朝は儒教の朱子学を国是と定め、文武の官僚のすべてを科挙によって抜擢し登用した。高麗の時代では科挙の不合格者でも、コネを通じて官職にありつけることもあった。が、しかし、この王朝のもとでは科挙が出世の絶対的条件である。たとえ両班の家門であっても、身内から官職者がいなくなってしまったら、世襲的な両班の名誉さえ剝奪されてしまうことになるから、名門といえど、のほほんとしているわけにはまいらぬ。

それで、その科挙制度がどのような仕組みであったかといえば、これがまた厳格なもので、それに合格することは、それこそ駱駝《らくだ》が針の穴を通るようなものであった。

科挙は大科（中級文官試験）と小科（初級文官試験）に分け、三年ごとに実施された。まずは予備試験である小科を受ける。それにパスした者だけが大科に進む。大科は三つの試験からなっていて、一次試験では二四〇名、二次試験では三三名と、合格者の枠が決められている。さらに三次試験で合格者は、甲科三名、乙科七名、丙科二三名と、その順位が振り分けられ、甲科の三名の首席合格者には、「壮元及第《チャンウォンクプチェ》」という、ほまれ高い栄誉が与えられた。

次に試験科目である。大科の試験科目は、経学・文章・策文の三科目からなっていた。しかし、国王参席のもとでの三次試験は、すでに秀才と認められた者たちが相手であったので、学問上の質疑応答はなく口答の形式でおこなわれた。受験者は国家懸案の諸問題に対する自らの見解を述べ、それに対する評価を受けたのである。

「成均館」の教育は経学を基本にしていた。学生たちは、幼少のころに『千字文』から学業をはじめ、地方の「書堂」や「郷校」などで『童蒙先習』と『明心宝鑑』を学んで、さらに『十八史略』と『資治通鑑』に進み、『小学』と『孝学』をマスターした者たちであったから、教養の点からすれば、すでに儒者の仲間入りであった。しかし、彼らは儒教国家朝鮮王朝の官僚候補生である。経典をまるごと暗記するほどの努力が求められた。

儒教の基本的な書物である『四書五経』を経典といった。それは難解であるばかりでなく量的にも膨大なものである。例えば、『周易』では二万四一〇七文字、『礼記』では九万九〇一〇文字、

『春秋左氏伝』に至っては、一九万六八四五文字からなっている。これらをまる暗記することはほとんど不可能に近いことであった。が、しかし、この不可能を可能にした者たちのみに、家門の栄誉と限りない特典が約束されていたから、不退転の覚悟を持って挑戦することになる。

競争社会にはストレスがつきものだ。当時のソウルは私学も盛んで、学生たちの不良行為が社会的問題になって世間を騒がしていた。それはおもにソウル在住の子弟たちで、酒を飲んでは女性をひやかし、寺に乗り込んでは僧侶をしめあげるといった、たちの悪いいたずらであった。同じ科挙をめざしながらも、私学の学生たちには、そのようなストレス解消法もあったが、全額国費負担の「成均館」の学生にはひたすら我慢が強いられた。

成均館には「学令」というきびしい学則があった。

……諸生は毎朝明倫堂にて朝礼する。

一の太鼓にて斎におもむき講義を受け、二の太鼓にて師長を訪ね論難弁疑（質疑応答）して教えを受ける。

……以下の行為はそれを罰する。

一、書を前にしてうたたねをする者。
一、雑流百家子書（くだらない書物）を持つ者。
一、聖賢を崇拝せず高談異論（正論を語らず邪説を説く）をする者。
一、財賂を商論し酒色を語る者。
一、五倫を侵し節行を怠る者。

……次のことを肝に銘じるべし。
一、才能あると自惚《うぬぼ》れてはならぬ。
一、家勢をもって威張ってはならぬ。
一、富を信じて自ら尊ぶことなし。
一、年少にして年長の者を侮蔑するは人の道にあらず。
一、巧みに言葉を操りへつらって歓心を得るは学徒の本分に反する。
一、万が一この「学令」を犯すとあれば、いたずらに国庫を浪費することになるがゆえ、即刻無条件放逐する。しかし力学改行すれば再学の道を阻まず。

学生たちは月に二回の帰宅が許されていたが、それは洗濯のためであって、親族以外の者との交流は厳禁であった。

高麗の「国子監」にはじまった朝鮮の大学教育は、李王朝の「成均館」に引き継がれ、旧韓国時代を経て今日に至っている。現在、南のソウルに私学の「成均館」が、北の開城に国立の「成均館」があって、おのおの伝統を継いでいる。

高麗と李朝にあっては、教育の目的や内容、あるいは経営のあり方などの点で大きな変化がみられる。概して、高麗の時代は、門戸も広く内容も大らかで、多様多才な人材を輩出したが、それに比べ李王朝の時代は、儒教色濃厚な少数精鋭主義であったし、国家の管理のもとでの教育であった。中央集権化が進む社会の変化の反映である。

ともあれ、「国子監」と「成均館」は、有能な人材を育てあげ、民族史の発展に大きく貢献した。高麗であれ李朝であれ、宰相をはじめ国家の指導的人物は、すべてが、この両学からの輩出者であったからだ。

現在、世界でもっとも歴史のある大学は、イタリアのボローニャ大学とパルマ大学である。イギリスのオックスフォード大学とケンブリッジ大学がそれに次ぐ。これらはいずれも、十二世紀ころの設立で、高麗の「国子監」に後れること二〇〇年である。フランスのソルボンヌ大学もドイツのハイデルベルク大学も同じころであった。これらヨーロッパの大学は、学生数が一〇〇人程度という小規模のものであり、その目的も修道士養成のための神学教育にあった。日本の大学教育についていえば、本願寺十三世法主良如が、末寺の子弟教育機関として創設した竜谷大学がはじまりであるが、それは十七世紀なかごろのことであった。

　朝鮮はむかしも今も教育立国でありつづけている。

●それは逞しい商魂を持った天才的商人集団であった●

開城商人

朝鮮には三大商都があった。北に義州《イジュ》、南に釜山《プサン》、そして中央に開城《ケソン》である。義州と釜山は対日・対中貿易の拠点であったが、開城は対外貿易とともに国内の流通をも支配していた。開城商人は日本の近江商人に例えられることが多い。商才に長けるという点で両者に共通点がある。しかし、近江商人の貪欲さに対して、開城商人は、相手を生かして自分も生きるという、したたかさを得意としていた。

開城商人とは高麗王朝と朝鮮王朝を通じて高度な商業術を発揮して一大勢力圏を形成した商人の集団である。彼らの特徴はチャンスに鋭敏であることと、信用を第一にしていたこと、そして貨幣意識に徹していたことにある。それにもう一つ付け足すとすれば、勤勉で倹約をモットーにしたことである。彼らは天才的といえるほどの商才をふるい、朝鮮の地に信用取引の素地を作り上げていった。

開城は高麗王朝の都であった。高麗は農業国であったが首都開城に限っては、王朝発足の初期のころから、商業都市の様相を呈していた。開城に商人が現れるにはそれなりの歴史的背景があった。その背景とはどういうものであったのであろうか。

高麗の王氏政権はもともと海洋貿易で豪族にのし上がった一族であった。朝鮮歴代の王朝のなかで高麗ほど商業に関心をもっていた王朝はない。王族は商人たちを保護し、彼らを利用して商業活動をおこなった。税金で徴収した布地や財貨を商人たちに横流しするのは日常茶飯事。松茸や高麗人参などをお抱えの商人を通して中国に持ち出し暴利を得ていた。開城商人たちにとって高麗王朝は最大の保護者でありお得意であった。王朝だけでなかった。膨大な土地と資産をもった寺院も商人たちを利用した。寺院は商人の要求に応じて農産物を作っていたし、商人たちも僧侶たちの需要に応じて物資を集め納めた。

『高麗史』によれば顕宗王《ヒョンジョン》の時代には、毎年、一〇〇人をこえるアラビア人が数千人の中国人に混じって商業を営み、街に旅館が立ち並び、夜も人声が絶えることがなかった、といわれている。首都開城はまさに国際商業都市であった。開城商人たちにとって高麗王朝五〇〇年は笑いの止まらない泰平の時代であった。

しかし、開城商人がその商魂を発揮するのは高麗王朝の時代でなく、王朝が滅んだ後の世のことである。

一三九二年、朝鮮半島に高麗に代わって朝鮮王朝が創建された。李成桂《イソンゲ》によって建てられた朝鮮王朝は儒教を国教とし、商業に寛大であった仏教国高麗と違って、商業を蔑視し抑止する政策をとった。それだけではない。正統性のないクーデターによって発足した政権であったことから、高麗遺民の報復を極端に恐れ、首都をソウルに遷都する一方で、開城の両班には出世の道を阻み、開城商人には商いの道を禁ずるという、過酷な政策を推し進めた。

泰平盛代を謳歌していた開城の時代はこのようにして終わりを告げた。が、しかし、それは開城が王都から商都へと様変わりする歴史的過程であり、天才的商人集団をこの世に生み出す素地をなすものであった。

開城商人はどのようにして天才的商人集団に成長していったのであろうか。

開城商人は誇り高き商人集団であった。高麗王朝五〇〇年を支えたという自負が彼らにあった。彼らにいわせれば、朝鮮王朝など主君を裏切った逆賊の集団にすぎない。だから彼らから賤民といわれようが一向にかまわなかった。背徳の両班であるよりも、信義ある商人であった方が人間らしい生き方である、という考えが彼らにはあった。この高いプライドと反骨精神が開城商法の原点にある。彼らは商用でソウルに行くときなども、ソウルに下るといっても決して上るとはいわなかった。

開城商人の出発は保負商《ポブサン》であった。保負商とは行商人のことである。負商が穀物・乾物・日用雑貨などを、チゲという運搬具に乗せて売り歩いたのに対して、保商の方は、薬剤や高級手工芸品などを風呂敷に包んで行商をおこなった。開城商人が行商から商いをはじめたのには理由があった。朝鮮王朝が、開城商人に対しては商業権を奪って締め出しをおこなう一方で、市纏《シジョン》と呼ばれた御用商人たちに営業権を与え厚く保護したからである。開城商人たちはやむをえず保負商となって地方に向かうことになったのである。

しかしこのことはむしろ開城商人にとって有利な選択であった。なぜなら、全国的版図で商業活動ができたからである。開城商人たちは全国を一つのネットワークに作り上げた。保負商のネットを当時「松房《ソンバン》」と呼んだ。彼らは開城に本部を置いて行商を全国津々浦々に送りこんだ。地方の市場をくまなく回り、一軒ずつ個別販売もおこなった。地方に送り出された保負商が開城に帰ってくれば、全国各地からのおびただしい情報が本部に集められ、どこにどういう特産物があり、どこが何を必要としているか、誰がどこで商売をおこない、その儲けがどの程度なのかなどなど。情報はあふれるほど大量であり、しかもそれら一つ一つは生きた情報である。彼らはこのような正確な情報をもとに的確な商活動を展開していった。開城商人が商機に敏感であったのは精度の高い情報を得ていたからである。

朝鮮王朝末期に、当時の執政大院君《テウォングン》が、開城商人を組織化して情報の収集に当たらせたことがあったが、彼らによって持ちこまれた情報は、量においても速度においても、そして精度に至っては、政府や地方行政をはるかに凌ぐものであったといわれる。

開城商人は信用第一を掲げ、庶民のなかに浸透していった。客あっての商売である。信用を得て顧客さえつかめば差別も迫害もこわくないのだ。信用を大事にした彼らは「万全不敗」をモットーにしていた。「万全不敗」とは、無理がないこと、片寄らないこと、機敏であることである。地道に努力して顧客を増やし、顧客とともに生きる共存共栄の商術である。客の求めには誠実に応じた。どんな辺鄙《へんぴ》な所でも、どんな品物でも、注文があれば即刻取り寄せるというサービスぶりである。信用のためには派手な宣伝やはったりは絶対禁物。相手の足元をみて値段を上げることも下げることもしなかった。物ばかりでなかった。病人がいると聞けばチゲに乗せて医院に運び、子どもが川で溺れれば、捨て身で救うこともしばしばあった。開城商人は「信用がおける商売人」である、というイメージはこのような地道な努力によってなされていったのである。

開城商人は投機的事業には手を出すことをしなかった。しかしチャンスとみれば事業を大胆に展開していった。多くの者は保負商であったが、市場経済の発展とともに、サービス業（歩行客主）、金融業（物商客主）が現れ、倉庫業・委託販売・運送業を手がけるものも現れ、荷主や地方の業者の便宜を図って旅館業を経営するものも現れた。しかし、業種が増え事業が多角化しても投機的な事業には手を出さなかった。

開城商人は個人でない商人集団である。彼らは業種ごとに会則を持って例会を開き役職分担をおこなっていた。内にあっては結束を強めた。同業者間のけんかは双方を罰した。賭博を禁じ盗みを戒め、それを犯したものは永久追放で罰した。三人か四人を束ねて班とし、班長の指揮・監督のもとで行動した。外部に対しては一切門戸を閉ざして機密主義を押し通した。例を一つあげよう。

開城商人は「四介置簿法《サゲチブポ》」という複式簿記を使用していた。「四介置簿法」は開城商人が発案した世界最初の複式簿記である。信じがたいことであるが百科事典に、「四介置簿法は、李朝時代に開城の商人が使用した簿記。近代的な複式簿記の原理に通じるシステムをもち、ルネサンス期の北イタリア都市におけるその形成とほぼ同じころから、独自に考案され発展したものである」（『朝鮮を知る事典』平凡社）と書かれているから事実である。

この「四介置簿法」は、取引を発生順に記録する「日記帳」のほか、債権・債務の決済関係を記入する元帳と、商品の購入・売却を記入する元帳からなっているのだが、単なる損益計算のための簿記ではなく、取引相手の人格や行動様式、取引の過程でおきる摩擦やトラブルなどを書き込んで、状況を正確に把握し的確に対応するための帳簿であったのである。

ところが開城商人は、この「四介置簿法」をいっさい公にすることなく、内輪で使用し伝授しつづけてきたのである。高麗が崩壊しても開城商人が生きつづけ、朝鮮王朝の差別と迫害のなかでも逞しく成長していったその秘訣が、そこに隠されていたのである。

彼らが「四介置簿法」を明かすことをしなかったのは、それが会計のための簿記であること以上に、企業の権利と、開城商人の結束と伝統を守るための命綱であったからである。

開城商人の原点は、高麗王朝を支えたプライドと反骨精神であるといった。商いの道に徹した根性としたたかさはそれによって説明できる。しかし鉄壁の結束力と秘密主義は何によって説明されるべきであろうか。

それは、開城商人がもともと「シンメマニ」と呼ばれていた高麗人参採集集団であった、ということにある。古い時代の記録では、開城商人を「シンメマニ」とも呼んでいる。シンは「参」、メは「山」、マニは「人」である。

職業としての「シンメマニ」は高麗の初期に登場する。家族か親族単位で生活し、代を継いでその採集をおこなった。高麗人参は薬中の霊薬。彼らが王朝の手厚い保護を受けたのは高麗人参にあったようだ。しかし、当時は野生の人参であったから、それを手に入れることはなみ大抵のことでなかった。雪解けの三月に山に入り、十一月までの九カ月間を山で過ごした。霊薬であるから身体を清め、一切の殺生を禁じ、夫婦であっても接触を絶った。山を当てれば幸いであるが、当たらなくても失望してはならない。辛抱とがまん強さが信条であった。

「シンメマニ」は一般社会から孤立して生きた特異の集団であった。彼らが集団であらなければならなかったのは、相手が野生人参という、一生かかって一度お目にかかれるかどうかという非常にまれな植物で、一人ではとても探しきれないからである。しかし、多ければチャンスも多いが、情報が漏れる危険性もあり、ふとどき者がいて、知って知らぬふりをすることもあった。そこで彼らは、厳しい掟を作って人と情報の管理に努めた。会話はもちろん隠語を用いた。「シンメマニ」ということばも彼らの隠語であるのだ。

開城商人の結束と秘密主義は「シンメマニ」集団の掟に結びついている。彼らが質素で忍耐強く倹約を重んじたのも人参取りの習性であったのだ。

●それは五〇〇年の日々をつづった王朝実録の世界的遺産であった●

『李王朝実録』

『李王朝実録』は、一三九二年七月から一九一〇年八月までの朝鮮王朝にかかわる歴史的事実を、日記体形式で王代別に記録した歴史書である。実録は『太宗実録』、『定宗実録』というように王代別に分冊されており、それら全体の書を合わせて『李王朝実録』という。実録は全一七六三巻九〇〇冊からなる膨大なものだ。年数にすると五百十数年。日数では十八万余日の毎日の記録である。

実録は他の国の王朝にもあった。中国に『皇明実録』、『大清実録』があるが、巻数も満たず内容も粗雑で資料的価値に乏しい。日本の『文徳実録』や『三代実録』も貧弱で比較の対象にならない。こうしてみれば『李王朝実録』は、おそらく質量において、世界最大の歴史書であるといってもいいすぎでない。『李王朝実録』は一九九七年、ユネスコ世界記録遺産に登録されている。

何がどのように記録されているのか、『世祖実録』からいくつか例を拾ってみると、次のようである。

……

――日食があり太陽をおおう。水路運搬用船舶の建造を命じる。

――日本国対馬宗成が臣下をつかわして土産物を献上する。

――礼曹が提議していう。中央と地方で公賤の仏教帰依者ますます多し。剃髪を取り締まって仏門に入るのを禁じなければ働く者なし。いかにすべきかと。

――国王が王妃とともに慶熙楼で宴会を催す。王族一同と燕京行に同行した申叔舟《シンスクチュ》など重鎮が同席する。申が国王に神酒を勧める。国王こころよく喜び重鎮のすべてに錦織りを与える。申には豹皮の敷物を与えて、同行の苦労をねぎらいその功績を称える。

――思政殿で日本国左武衛の使者僧侶宝桂と十余人を引見する。両国の良好な関係に満足の意を示し、日本の求めに応じて、「大蔵経」の持ち出しを許す。あわせて『成道記』、『法華経』、『金剛経』などの経典を与えて帰す。宝桂は涙して「国王の恩徳は誠に筆舌に表しがたし」と、謝意を表した。

――国王が文武百官の祝賀を受け答えて指示文を公表した。「余は不徳でありながら王位につき、誠心誠意をもって王業を努めたが、いまだ果たした業績がなくはなはだこころ痛むところあるが、天の助けがあって世子の子（王孫）をあずかる喜びをえた。慶事に恩典を授けるは本朝の開国以来の美風であるから、それに従って恩恵特赦を次のようにおこなう。文武両班とすべての官吏の品階を一級ずつ上げる。反逆罪、反乱陰謀罪と、子でありながら父母を殺した者、妻でありながら夫を殺した者、下僕でありながら主人を殺した者、以上を除くすべての罪人に特赦を与えて無罪放免とする」

……

実録には朝鮮王朝にかかわるすべての事柄が記録されている。政治あり、軍事あり、外交あり、文化あり、民生あり。天文・気象・地震の観測もあれば、人事に関することから穀物の作況、庶民の流行に至るまでである。

『李王朝実録』は太祖李成桂にはじまる。李成桂《イソンゲ》が一四〇八年に七四歳で亡くなると、彼の生前の遺言に従って、治世七年間の実録が編纂されるが、これが前例となって王朝の末代まで実録が書かれることとなった。

『李王朝実録』はどのような原則とシステムを持って書かれたものだろうか。

歴代国王の実録の編纂は、それぞれの国王の死後に、「実録庁」を設けておこなわれるのが原則であった。死後作成の原則である。なぜ死後作成であったのか。それは実録の客観性を維持するためであった。歴史は鑑である。しかし、もし、強大な権限を持つ国王の生存時にその一代記である実録が書かれるようなことがあったら、政治的干渉や横やりがあって客観的な叙述が不可能になる。事実が歪められれば歴史が歪み国が歪むのである。この原則は朝鮮王朝五〇〇年間、一度として破られることがなかった。『李王朝実録』の史料的価値が高い理由がここにある。

実録編纂のキーマンは史官であった。彼らは朝鮮政府の「春秋館」に勤める正六品の官吏たちで、歴史の記録官という高い誇りを胸に秘めていた。名門の家庭に育ち優秀な成績で科挙に合格した彼らは、清廉潔白を旨とし、いかなる派閥に組することなく、いかなる圧力にも屈することなく、常に公正公平、冷静沈着であった。

史官の数は総勢八名。地位の低い彼らであったが、他の両班が持ちえない特殊な権限を任されていた。その権限とは何か。王権をも監督する権限であった。彼らは王宮で宿食し、常に国王の身近にいながら、朝会・朝参・朝講に同席したし、国家の重大問題を議論する重鎮会議はもちろん、国王と臣下の私的な交じりあいにも同席した。地方からの報告書や弾劾書も、外国の使臣からもたらされた国書も、地方長官や辺境地の将軍に対する命令書も、かならず彼らに渡された。

史官が日常作成する文書には二種類あった。一つは、史官が見聞したすべての事柄を記録に取って乱筆のまま残す「史草」。いま一つは、宿直史官が毎日書く「時政記」と呼ばれた王室日記。「史草」と「時政記」は実録編纂のもっとも基礎的な資料であるから、一切手を加えることなくそのまま保管された。

「史草」と「時政記」はすべての事柄がありのまま赤裸々に書かれた文書である。例えば、次ぎのような事実があった。

太宗《テジョン》王の時代である。あるとき、王が狩猟に行って落馬したことがあった。周囲を見るとその場に史官がいなかった。それはまったく幸運であった。それで王は安心してかたわらの者たちに、「口が裂けても落馬のことを史官に漏らしてはならぬ」と、口止めした。太宗王が亡くなって実録が編纂された。ところが実録には、誰が漏らしたのか、あのときの王が落馬した事実とともに、王が口止めした事実までが書かれていたのである。

実録の性格上、歴代の国王はおのずから、後世にどういう実録が残されるか、重大な関心を払わざるをえない。したがって、実録の編纂は、国王の横暴や暴走を自制させる機能も持っていたのだ。

世宗王の時代である。世宗王が先代の父王の実録作成に際して、その資料の提出を宰相猛思誠《メンサソン》に命じたことがあった。世宗王にしてみれば、亡き父王に関する実録であるから、何がどう書かれるか気がかりでならない。それで事前にチェックしようと試みたのであった。しかし、宰相猛思誠は、たび重なる矢の催促にもめげず断りつづけ、死をも覚悟して次のように申し上げた。

……実録は後世のために残す鑑であります。正確であることがもっとも重要であることはいうに及びません。しかるに、もし、大王様が資料を手にとって加減削除されるようなことになれば、後世の国王も先例にならい同じことをされるでしょう。実録は唯一史官の手にゆだねなければなりません……

この答えに王は一言も反論できず猛思誠のことばに従ったという。世宗王といえば、朝鮮王朝の数多い王のなかでただ一人大王の称号で呼ばれた名君であった。その大王でさえ史草を見ることが許されなかった。王は絶対的権力者であったが、史官の前では常に襟を正さなくてはならなかった。史官は政治を正す監督官でもあったのだ。

国王が世を去ると「実録庁」が設置され、政府の高官によるスタッフが任命される。「実録庁」は史官の「史草」や「時政記」その他の資料をもとにして、三つの段階を経て実録の定本を完成した。最初に初草を作った。もちろん「史草」と「時政記」が基本的な資料であったが、そればかりでない。「実録庁」は全国に公告を発令して、国王の生前の事跡や記録を最大限に収集した。資料を持ちながらも通告しないものに対しては懲罰を与える厳しさであった。初草を修正して中草を作り、最後に再修正をして定本とした。完成した実録は印刷に回され、その他の資料は印刷と同時に処分された。ところが史料としての価値からいうと、実録の正草よりは、その他の基礎資料としての「史草」や「時政記」こそ大事であったが、高位官僚の立会いのもと、あとかたもなく処分された。後世に歴史のあやを残さないためであったのである。

実録編纂が大変な事業であったことを述べてきた。編纂とともに重要なことは、戦乱や災害からそれをどう守るかということだ。この点に対して朝鮮王朝は後述する高麗の『八万大蔵経』の教訓を生かし、分散保管を原則とした。実録の全巻を四部ずつ印刷し、ソウルの「春秋館」と忠州・全州・星州の四カ所において保管した。豊臣秀吉の朝鮮侵略の際、星州・忠州・「春秋館」の実録が焼失したなかで、唯一全州史庫の分だけが難を逃れ安全な妙香山に運搬されたのは、分散保管の原則があったからにほかならない。

李朝政府は日本軍が撤退してのち、財政上の困難にもかかわらず、三部ずつ追加印刷し、全州原本に校正刷を加えた全五部を、一部を「春秋館」に置いたほか、江華島の摩尼山・太白山・妙香山・五台山に史庫を作って保管した。

その後も国難はたびたびあったが、「春秋館」の分は火災で焼失したものの、そのほかは日本による朝鮮併合まで健在した。しかし、朝鮮総督府が持ち出して東京帝国大学に寄贈した五台山本は関東大震災のとき焼失している。

●それは朝鮮の東洋医学を集大成した世界最初の医学全書であった●

『東医宝鑑』

『東医宝鑑』は朝鮮が世界に誇る医学書である。著者は許浚《ホジュン》。彼は国王宣祖《ソンジョ》の御医《ぎょい》を二三年間務めた臨床医であり、すぐれた医学者であった。

『東医宝鑑』はそれまでの朝鮮と中国の医書と医療経験をまとめ、彼自身の臨床実践を整理し、それらをまったく新しい方法論で体系化した画期的な医書である。この医書の出現によって朝鮮医学は、理論と実践の両面で東洋医学の確固たる地位を占めることになった。

『東医宝鑑』は当時の東洋医学界に大きな波紋をおこした。中国は一七六三年に『東医宝鑑』の第一版を出版したのをはじめ、その後もたてつづけに五回も出版している。日本でも江戸時代に数回出版したし、幕府はそれを官医必読の書と決めて、官版にそれを掲載し版を重ねた。

『東医宝鑑』という画期的な医学書が十七世紀の朝鮮に現れるにはそれなりの歴史的背景があった。世宗大王のもとに「集賢殿」が設立され、科学・技術・文化の分野で飛躍的発展を遂げたのは、許浚が活動していた時代からほんの一世紀前のことであった。この時代に医学も例にもれず長足の発展をなしていた。

世宗大王は医学の分野においても指導力を発揮した。彼は「済生院」という政府機関を新設して医書の刊行を押し進めるかたわら、医療施設を強化し医学教育に力を注いだ。科挙の医科試験に当たっては実地の臨床技術を重視したし、医学教育においては、儒教の経典よりも臨床医学書の研究に重点を置いた。その成果は『医方類聚』、『郷薬集成方』に凝縮されている。『医方類聚』は中国の唐・宋・明の医学書と、高麗までの朝鮮の医学書、全一五〇種を網羅して編纂した膨大な医学全書であり、『郷薬集成方』は朝鮮国内で採集される薬草の効能と、その臨床経験を整理してまとめた医薬書であった。若くして医学の道に入った許浚が、先人の素晴らしい医学書に学んだことは、朝鮮医学にとって大変幸いなことで、『東医宝鑑』が彼の手にゆだねられる必然性がそこにあったのである。

許浚とはどういう人物であったのだろうか。

許浚は一五四六年三月、京畿道金浦郡陽村面に生まれた。陽村許氏は駕洛《カラ》国首露王妃の血を引く由緒ある両班一族である。しかしそのことと彼の人生はまったく関係のないことであった。彼は許氏の家庭に生まれはしたが、名誉ある一族と認められず、父を父と呼ぶことさえ許されなかった。彼は庶子であったのだ。しかしむしろ庶子であったことが、将来医者になる彼には幸いしたかもしれない。なぜなら、両班の家庭に生まれても庶子の身分は中人であり、中人の出世コースは医者になるか通訳官になるかの二つに一つであったからだ。彼は医者の道を選んだ。

許浚は二〇歳の年に名医柳義泰《ユイテ》の門下に入った。柳義泰との出会いは宿命的であった。彼自身も中人の出であったからだ。彼は神医といわれるほどの医術を持ちながらも、性格は豪放で奇人とも呼ばれていた。反骨精神の持ち主の彼には二つの信念があった。一つは、官学である中国医術に反対して東医の道を歩むことと、いま一つは、貧しい庶民のために奉仕することであった。

許浚は柳義泰の生き方を共有したにちがいない。彼は師匠から『郷薬集成方』を学び、研修と実践のための無料治療に専念した。彼が実践したこのときの治療経験は『東医宝鑑』の臨床医学書的性格を決定づけることになるのである。

柳義泰のもとでの修行は一〇年であった。そのころから彼はすでに名医として世間に知られるようになっていた。貧しい患者たちが毎日のように病院の門をたたいた。ある者は、治療費の代わりと麦やひえを置いていくが、彼はそれも受け取らなかった。また、急患と聞けば昼夜をかまわず足を運び、どんな外来患者であっても温かく迎え治療を施した。

彼は三〇歳の年に科挙の雑科試験に及第し医官となった。医官としての彼の存在は輝かしいものであった。科挙に及第すると「内医院」に配属され、次の年には入診を命じられた。入診とは王宮に入り王族を診断治療することである。

そのころ、王世子に重大な病が生じた。中国医術に毒されていた先輩の医者たちは不治の病と診断した。最後に患者を任されたのは許浚であった。彼は入念に診察し治療をおこなった。彼には一〇年間の臨床医としての経験があり、朝鮮固有の薬剤による治療方法があった。彼はそれらを駆使してついに王世子を危中から救った。それ以来、三三年間、彼は宣祖王の絶対的信頼を得て御医として仕えた。かたときも王宮を離れることがなかった。豊臣秀吉の軍団にソウルの王宮が落ちたときは、国王に伴って遠い義州にまで足を運んだ。

『東医宝鑑』の執筆は宣祖王の発案で一五九七年からはじまった。許浚のもとに編纂集団が有能な医学者たちで編成され、研究と執筆の日々がつづいた。そして、一四年の歳月を通して、ついに、『東医宝鑑』全二五巻二五冊が世に送り出されることとなった。

ここで『東医宝鑑』がどのような医書であったのかを見ることにしたい。

まずは本の特徴である。従来の医書が中国的であったのに対して、『東医宝鑑』は朝鮮民族の医書であるという、民族色が非常に強く強調されていることである。そのことは医書執筆に当たって国王宣祖が明示した執筆要綱によく表れている。宣祖は次のように書いている。

……中国からの医学書には名著といわれるものがないから、それを基準にしてはならない。煩雑で実用性に欠けるものは捨て、必要かつ有用なものを集成して、整然とした医の道を開くべきである。そしてそれによって、僻地の貧しい民の病や災害に備え、また、我が国産出の薬剤を分類し、愚かなる者にも医療の何たるかを悟らせるべきである……

『東医宝鑑』は、民族の伝統医学を継承した朝鮮人医師のための医書であり、この国の薬剤を基本にして、医療行為に必要な知識と方法をまとめた実践的な医書である。そしてそれはまた、農民をはじめ大衆を啓蒙するための医書であったともいえる。

『東医宝鑑』は独創的な医書だけに、叙述体系も分類方法も従前の医書とはまったく異なっている。例えば疾病の分類方式も、病の部位による分類、病の症状による分類、病の原因による分類といったように、多角的な分析に基づいて細分化している。これも重要な特徴である。

次ぎに『東医宝鑑』の内容に立ち入ってみよう。

『東医宝鑑』は、目録（二巻）、内景編（四巻）、外形編（四巻）、雑病編（一一巻）、蕩液編（三巻）、鍼灸編（一巻）からなっている。

内景編は今でいうところの内科である。ここでは、精・気・神・血・津液など、五臓六腑の機能について叙述し、人体活動の一般的原理と概念を明らかにしている。内景編で注目すべきことは、内科的な医療においては、とくに精と気に第一次的意義を置き、それとの関連のなかで、内臓の生理的機能と病的症状を説明していることである。そして、精神的安静と五臓六腑の健全が無病長寿のもとになるから、そのための精神の修養と身体の鍛錬が、鍼灸や薬にまして重要であると結論している。

外形編は外科である。ここでは、頭や顔、胸や腰など、五体の外面に現れる疾患を部位別に分類し、その原因を解剖生理学的、病理学的に究明して処置の方法を明らかにしている。

雑病編では婦人病と小児病を扱っているが、それにとどまらず、高血圧の原因と後遺症、脳溢血や破傷風の原因と処置の方法に至るまで幅広く叙述している。

蕩液編は薬物学の分野である。ここでは、当時使われていた千四百余種の高麗薬を産地別に分類して、その薬効と適応症、採取法と加工法を説明している。最後の部分は鍼灸編で、ここでは鍼灸の方法と留意すべきことを明らかにした。

著者許浚は『東医宝鑑』で四四九七種の処方を示した。これはすべて彼の臨床実験によってその科学性と実効性が検証されたものであった。彼はまたそれまで未解決にあったか、あいまいにされていた病気とその原因をつきとめ、その科学的根拠を明らかにしている。

その一例を上げれば白痢がある。許浚は、はげしい下痢と激痛を伴うこの病を、赤痢と同様の急性伝染病の一種であると診断し、その根拠を次のように示している。

……白痢の根源は大腸の湿熱にある。白痢を寒とみなせば大きなあやまちをおこす。下腹部に激痛がはしり黄色の尿を見るのは、この病の本質が寒ではなく熱であることを示している。赤痢ではないが同様の部類に属する……

許浚が『東医宝鑑』を書き終えたときはすでに七〇歳の高齢であった。しかし彼にはどうしても手がけなければならない仕事があった。この国に時として蔓延する伝染病に対処しなければならなかったのだ。そこで彼の研究はつづけられ、新たに『新纂辟温方』と『辟疫神方』という二冊の医書が執筆出版された。

当時は伝染病に対しては洋の東西を問わず、類症鑑別さえできない状況であったので、診断や治療を施すことはほとんど不可能に近かった。しかし許浚はあえてこの難題に挑んだ。腸チフスや発疹チフスの正体に迫ろうとしていた彼の気迫が、文脈の至るところに現れているのだ。もちろん彼といえどもチフスの正体を全面的に解明するには至らなかった。しかし未知のこの分野に踏み込んだ彼の功績は高く評価されている。

許浚は『東医宝鑑』の序文で次のように述べている。

……これより中国の医学を北医と呼び、我ら朝鮮の医学を東医と呼ぶことにしようではないか……

これは彼自身が『東医宝鑑』の歴史的意義を示したことばである。つまり、『東医宝鑑』の出版によって、朝鮮の医術は、中国医書への偏重と民間療法的な後進性から抜け出し、全般的な医学体系として完成をなした、ということである。中国医学に対する決別宣言であり、朝鮮医学の東医独立宣言でもあったのだ。

これまでヨーロッパでは、一八〇七年にスペインで出版された『医学・医科学事典』七巻が世界最初の医学百科事典として知られていた。しかし『東医宝鑑』はそれより二世紀近く先に出版されている。

朝鮮通信使

●それは朝鮮王朝と江戸幕府の間に結ばれた善隣友好の絆であった●

江戸時代の日本は朝鮮王朝と対等な関係にあった。それを象徴するのが通信使の往来である。通信とは互いを信ずること。つまり、互いによしみを交わすために、国を代表するものが双方の国を往来することである。

そもそも通信使の往来は室町幕府の足利義満にはじまった。それ以後、一五〇年間に、六〇回にわたって国使を朝鮮に送っている。朝鮮の方からもそのつど回礼使が派遣されていた。ところが、豊臣秀吉の朝鮮侵略があって、一時期、両国の関係は途絶えてしまった。通信使の新たなはじまりは、時代が徳川幕府に移った一六〇七（慶長一二）年からであった。日本が秀吉の朝鮮侵略を謝罪し、その誠意が朝鮮側に受け入れられて、通信使往来の新たな出発となったのである。それ以後、通信使は、一八一一（文化八）年まで、およそ二〇〇年間つづけられ、その回数も一二回にわたった。

なぜ両国に通信使の往来がなされたのであろうか。

それには朝鮮側と日本側にそれぞれの思惑があったようだ。朝鮮側には豊臣秀吉の侵略を受けた教訓があって、二度とそういうことをさせてはならず、そのためには日ごろから平和的関係を築いておく必要があった。一方の日本側といえば、朝鮮に門戸を開いておくことで、朝鮮を通して大陸の状況を知り、また、必要な文物を取り入れることができたのであった。つまり鎖国から生ずるマイナス面を補う必要があったのである。

はじめのころの通信使は、朝鮮王朝と日本の幕府に代替わりがあったときに、相互に祝賀の使臣を送る形で進められていたが、後になって日本の幕府が朝鮮に通信使の派遣を要請し、朝鮮側がそれに応える形で進められた。

朝鮮通信使はどのように構成され、派遣されたのであろうか。

通信使は、国を代表する正使・副使・従事官（三名）と、書記・通訳・医師・画家・武官・付き人など、総勢四〇〇名の陣容で編成されていた。多いときは五〇〇名に達した。日本滞在は、往路と帰路を合わせ、およそ六カ月から七カ月。その費用は全額日本の負担であった。このことは、朝鮮通信使にかける日本の期待が、いかに大きなものであったのかを如実にものがたっている。

朝鮮通信使の一団は釜山港を離れると、対馬藩主宗氏の先導で日本に向かった。壱岐・藍島・下関を経て瀬戸内海に入り、大坂からは陸路で江戸に向かった。京都から大津に出て、東海道をまっすぐ東に進むのであるが、大津・彦根間は、徳川将軍の上洛時以外は何人にも使用が禁止されていた、天下人街道が一行の往来に使われたのである。その一行は、通信使四〇〇名に対して、案内役の対馬藩士八〇〇名、各藩から動員された輿・駕籠の担ぎ手と人足、八〇〇余頭の馬と馬夫である。

朝鮮通信使の行列の様子を、当時、平戸のイギリス商館の初代館長を務めていたリチャード・コックスは、日記に次のように記している。

……壮麗な扮装をした朝鮮使節団の一行が、大坂の街を通過していく。彼らは、将軍徳川秀忠の命令で、道中の至るところで王者のようにもてなされた。しかも、道中の二、三の場所では、彼らの列の前方でトランペットやオーボエの吹奏がおこなわれた……

通信使は江戸城で将軍に拝謁し、祝賀の国書を伝達することでその使命を終えることになる。しかし、それはあくまでも公式の行事であって、メインイベントは往路と帰路の道のりにあった。朝鮮通信使は、正使と副使など政府関係者を除けば、そのほとんどが当代一流の学者・文化人で、儒学者・詩人・医師・絵師・書道家など、その顔ぶれは多種多彩であった。寄港地や沿道の宿舎では、両国の学者・文化人の華やかな交歓が待ち受けていた。漢詩の唱和に喜び、書画の揮毫を乞い、また、筆談によって中国や朝鮮の政情を探り、歴史や風俗を尋ね、経・史・諸学の問答を交わした。どこの宿舎でも人の山、人の海をなし、出入りを取り締まれど後を絶つことがなかった。

通信使に加わった朝鮮の学者、申維翰《シンユハン》は、日本滞在の印象を『海遊録』という記録に書き残している。福岡藩の宿舎でのことを次のように書いている。

……遠近から詩を求める者があとを絶たない。紙を机に積み上げ書を求める。書き終えると、また紙がまるで薪のように積み上げられる。一字を得れば手でおしいただき、秦の始皇帝が白狐をありがたがったようにする。この際、字の上手下手はかまわなかった……

彼はまた次のように述懐している。

……これ（朝鮮通信使）を見物しようと集まった近国、近在の老若男女は数千。いや数万にものぼる。並いる人々を見渡せば千体仏のようである。……鶏が鳴く朝方になっても眠りにつけず、忙しさのあまり食事を取ることも許されなかった……

幕府が特別に関心を持って通信使との交流に臨んだのは儒学の分野にあった。当時、日本には、すでに、朝鮮の儒学者李退渓《イテゲ》の思想に傾倒していた学者もいた。藤原惺窩《せいか》や林羅山などは、朝鮮の国是でもあった朱子学こそ、徳川の幕藩体制を磐石《ばんじゃく》のものにする唯一の統治理念であるという確信をもって、その摂取に並々ならぬ努力を傾けていた。

惺窩は朝鮮にわたって儒学を学ぶことを考えていたし、家康の要請でおこなった「貞観政要」の進講時には、朝鮮王朝の儒衣である深衣道服《シミトボク》を身に着けていた、といわれている。林羅山も朝鮮儒学者との親交を深めた。儒者となった彼は、建仁寺の僧侶をやめて、李退渓など朝鮮儒学者の書物の研究に没頭した。彼は、その後、家康から四代家綱に至る将軍に近侍し、幕府の学問所を築くことになるのであるが、彼を支えた朝鮮通信使の役割を軽く見てはならない。

朱子学の浸透は一種の思想革命の様相を呈していた。朱子学は幕府の官学となり、諸藩の大名や経世家の求めるところとなった。江戸時代の武士階級のこころといわれる武士道もそうである。武士道は鎌倉時代にはじまるが、道徳律として確立するのは江戸時代で、朱子学の裏づけによるものであった。武士のこころがけである、忠誠・犠牲・信義・廉恥・礼儀・潔白・質素・倹約・尚武・名誉・情愛は、李退渓の四端七情思想に基づくものであったのだ。

朱子学の次に関心をよせたのは医学であった。オランダ医学が普及するまでの日本の医学は、朝鮮医学の影響を強く受けていた。通信使によって『医方類聚』や『東医宝鑑』などの名著が伝えられていたし、とくに『東医宝鑑』は官医必携の書に指定されていた。一七二三年に日本で復刻された『東医宝鑑』はその序文に、「叙述が詳細精緻で飾らず、しかも処方が明瞭でよく病気を防ぐ。……雑多な医書を数十年間も学ぶ徒労がこの書によって省かれた」と書いている。

通信使に名医を加えることは徳川幕府の強い要請であったから、これが慣例となり各地で医事問答が繰り広げられた。一七一九年のときには、権道足《クォンドジョク》という医者が各地で東医（朝鮮医学）について説明しており、姫路藩の儒学者河澄桃圃の息子が病気だと聞いて薬の処方を教えている。各地でおこなわれた医事問答は本にまとめられて今日に伝えられている。

画家の交流も盛んであった。通信使には当代一流の画家が加えられていた。例えば金明国《キムミョングク》という画家がいる。彼は十七世紀前半の朝鮮画壇を代表する人物であるが、日本滞在中に「達磨図」を描いている。現存する通信使の絵画は少なくなく、それらは沿道の寺院などに保存されている。対する日本側も超一流の画家であった。狩野探幽は、「通信使入日光図」を残し、養子の益信は「朝鮮使節歓待図」を描いた。それは、一行の江戸入城の様子と江戸城本丸での国書伝達の様子を描いた屏風絵であるが、長さ一〇メートルをこえる大作である。

朝鮮通信使を描いた絵に「馬上才」や「馬曲の図」がよく見られる。馬上才や馬曲は馬上でおこなう曲芸である。江戸城内では宴会の一部に取り入れられていたし、各地の沿道でも盛んに披露されたが、絵に描かれた驚きや笑いこける表情から、異国情緒豊かなその曲芸は江戸の人々のこころを捉えて放さなかった。

最後の通信使は、一八一一（文化八）年。それ以後は途絶えて再開することはなかった。幕末を迎える日本は、その後の四、五〇年間、北からのロシア、西からのイギリス・フランス、さらに、アメリカなどからの外洋船に対処しなければならなかった。時代はいよいよ近代に向かって進んでいたのだ。そのような事情は朝鮮もまったく同じことであった。

●それは朝鮮の庶民の理想を描いた不朽の名作であった●

『春香伝』

小説『春香伝《チュンヒャンジョン》』はみさおを守り抜いた一女性の愛と抵抗の物語である。この作品が誰によって書かれたものなのかさだかでない。作者不詳の名作である。もとは口伝によって伝えられた説話であったが、民衆の文芸活動が盛んになった十八世紀のころに、小説という形に書き換えられたものと思われる。

朝鮮王朝末期に生まれたこの小説は、パンソリ（日本の浪曲に似た演芸）や演劇で盛んに上演されたし、近代以後では映画やテレビでも放映され、そのたび極めて高い人気を博している。朝鮮人を名のる者でこの物語を知らない人は、幼児を別にして、一人としていないはずだ。イギリス人が『ロミオとジュリエット』を愛するように、朝鮮人も『春香伝』をこよなく愛しつづけてきた。

『春香伝』は、時代と世代をこえて、民衆の喝采を浴びてきた作品であるという点で、日本の『忠臣蔵』とよく比較される。『春香伝』と『忠臣蔵』では主題も内容も異なるが、怨みを晴らすという共通点をもっている。『忠臣蔵』は、主君の怨みを四十七士が仇打ちで晴らすプロセスが中心であるのに対して、『春香伝』は離別した恋人を待ちわび耐え忍ぶ過程が見どころとなっている。『忠臣蔵』には見事に仇を討った満足感がただようが、『春香伝』には万苦を忍んで初志を貫き通した充実感がある。復讐は二の次であるのだ。

『春香伝』が世代をこえてこの民族のこころを捉えて放さない理由は何であろうか。それは春香という人物に、この国の庶民の理想が鮮やかに写し出されているからである。

まずはこの小説のストーリーから紹介することにする。

全羅道南原《ナモン》の府使の息子李夢竜《イモンニョン》は、退妓の娘成春香にひとめぼれして、夫婦になることを約束した。ところが、父がソウルに転任となったため、南原の地を離れなければならなくなった。愛する二人は後日を約束して涙ながらに別れることとなった。夢竜が旅立っていく日が過ぎると、後任の南原府使が着任することになった。新府使の名は卞学道《ピョンハクト》といったが、これが大変な悪代官で、着任すると美女のほまれ高い春香を自分のものにしようと迫るのである。春香は李夢竜と婚約した身であることを理由に拒みつづけた。しかし、悪代官は妓生の娘に婚姻は認められないと官吏を送って、彼女を強引に官邸に呼びつけた。その日から苦痛と悲しみが彼女をおそいつづけた。卞学道は来る日も来る日も春香に迫るのだが、春香は夢竜にみさおを立てて拒みつづけた。

獄門に入れられ拷問にうたれ、瀕死の目にあうが、それでも彼女は屈しなかった。一方、上京した夢竜は科挙に合格し、国王召し抱えの暗行御使《アメンオサ》になっていた。暗行御使とは王の密命を受けて地方の悪政を探りあばく秘密警察官である。南原に赴いた彼は乞食に変装して卞学道の悪行をつぶさに調べあげた。そして、盛大におこなわれている悪代官の誕生祝いの宴席に乗り込み、彼を取り押さえ、春香を救い出した。宴席の場で春香の処刑が予定されていたから、それこそ間一髪の救出劇であったのだ。二人は晴れて夫婦となり幸せな日々を送った。

小説の主人公春香は、妓生の娘であると蔑《さげす》まれて育つが、容貌は美しく礼儀作法にも通じ、しかも「四書五経」に明るかった。妓生とは両班に寄り添って生きる社会の最下層民。にもかかわらず春香は、傲慢な両班たちでさえたじろぎ振り返るほどの、美貌と教養の持ち主である。朝鮮王朝の時代には、両班が妓生をもてあそんでも恋仲になるということは絶対ありえなかったが、李夢龍はその美しさに魅せられて恋に落ちるのである。

春香は容姿端麗でありながら自立心と義のこころを持った女性だ。

彼女は賤しい身分であることを嘆きはすれど、両班や士大夫にすり寄って媚びへつらうこともなく、何事にも筋を通すことを忘れなかった。李夢竜と出会ったその日、彼の言動に賤民蔑視の雰囲気を感じ取ると、有無を問うこともなくプロポーズを断るという潔さであった。夫婦の契り

『春香伝』の一場面

を結んで夢のようなしあわせな日々を送った後、離別を聞かされると、「私を置いて一人で行かれるというのですか、妓生の娘などどうなってもかまわない、といわれるのですか」、と彼女は愛する恋人夢竜に迫った。それは両班の御曹司《おんぞうし》である夢竜に対する不満であったが、尊卑貴賤を当然とする社会制度に向けられた反抗精神の現れであった。

日本の小説で女性は往々にして社会的弱者として描かれる。運命に翻弄されるか、人の助けを借りて生きるか、そうでなければ心中を選ぶかというパターンが多い。しかし春香は過酷な運命を自ら切り開いていく自立心と強い意志の持ち主である。

新任の代官卞学道は、夢竜が南原を離れると春香に自分の官舎の寝室に入るよう命ずる。それは地方長官の特権であったので、拒むことができないのである。しかし春香は、自分には婚約者がおり、みさおを守るのは妻となるものにとって、命より大切なものであると拒みつづけた。彼女は拒む理由を整然と語るのである。

……忠孝信義は人の道です。妓生の娘に人の道があってならないと申すのですか。人を諭して導くのが代官の本分であるのに、貴方さまは、この私にけものの道を歩めといわれるのですか。私は人の子であってけものではありません……

悪代官の前ではおとなしくいわれるままに従うこともできたし、愛嬌をふりまいて可愛がられるのも知恵のうちであった。しかし彼女はその道を採らず、あえて義の道を選ぶのである。義とは何か。義は、正義・信義・恩義・忠義という形で現れる朝鮮人のこころであるが、義を通すところに『春香伝』の真価があるのだ。彼女の義ははじめ社会正義であった。愛は人間の尊厳。愛に貴賤を問うてはならない、妓生の娘にも人間としての平等が許されなければならない、と彼女は主張する。そしてその結果として、「拒逆官長罪」という罪名を着せられ獄門に閉じ込められた。首と手足を鎖につながれて春香は辛い日々を送った。獄吏たちは、官妓の分際でみさおとは豚に真珠のごときもの、こころ改めて許しを請え、と改心を迫ったが、返す春香のことばはただひとこと、「一片丹心《イルピョンタンシム》」の四文字であった。

……

泰山のごときわが一心貞節

猛奔の勇猛とて奪うべからず
一片丹心わがこころ屈するを知らず
……

一片丹心とは「永遠に節を守るこころ」の意味。時には死をもっても尽くす崇高な理念である。節を曲げることの嫌いな朝鮮人は一片丹心を最高の徳目に掲げている。王に対しては忠誠心、国に対しては殉国心、夫に対しては信義という形で現れる。この際、春香のいう一片丹心は、夫夢竜に対する信義であると同時に、不平等な社会と民衆を食い物にする両班、官僚に向けられたハンプリ（復讐）であった。

義を貫く信念を朝鮮人は「ハン（恨）」といい、そのエネルギーを「オギ（傲気）」という。「ハン」は忍耐によって蓄積され、極限をこえると「オギ」に転化する。「オギ」とは不屈の闘争心である。春香が挫折を知らず一片丹心を貫くことができたのは「オギ」を持っていたからである。「ハン」と「オギ」は、苦難の民族史がこの国の民に授けた生活の知恵であり、哲学であるのだ。

『春香伝』のクライマックスは卞学道の誕生祝賀宴である。この日、祝賀宴のなかばで春香の処刑が予定されていたが、暗行御使の出動で卞学道の悪事が裁かれ、春香が無罪放免になるのであるが、しかしただちに、これにて一件落着のハッピーエンドでは終わらない。

長い暗闇の生活で目をわずらってしまった春香は、暗行御使が夫の李夢竜であることに気づかないのである。引きずり出された春香と暗行御使との間に問答が交わされる。

……

暗行御使　われ国王の名において春香に問う。こころ改めれば死罪を免ずる。身を清めて衣服を整え、今宵よりわが官舎に居室を移すがよい。

春　香　代官変われど不義不徳はあいもかわらず。誰が何を求めようとわがこころはただ一つ一片丹心。天が崩れ落ち地が割れようとも、わがこころはただ一つ一片丹心。

暗行御使　誰のための一片丹心を口にするのか。

春　香　わがこころの君に捧げる一片丹心を貴方に申してどうしましょう。無罪放免であろうと死罪であろうと「二夫をまみえず」はわが命。無罪であればこの世で夫を待ち望み、死罪とあれば蝶に変わってソウルの空に旅立つことです。さ、潔くお決めください。

……

盲目の春香が淡々と語るこのセリフにこころ動かされない者はいない。暗行御使が夫の李夢竜であることを知っているから、読者はもうやりきれないのである。にもかかわらず春香は一片丹心を語りつづける。ついに李夢竜は涙し「春香！」と叫んで彼女を引き寄せる。そこに居合わせていた春香の母が、「これは夢かまことか」と泣き叫ぶ。獄吏も泣き刑吏も泣き、村中の男女が泣いた。

『春香伝』は春香の無罪放免と夫との再会で幕を閉じる。しかしそれは単なるハッピーエンドではない。『忠臣蔵』は仇討ちが目的であるが、『春香伝』は仇討ちでなく、社会的不正義と不条理を正すところにある。春香の姿には、その不正義と不条理にどう対処し生きなければならないかが描かれている。二〇歳に満たない少女であり妓生の娘でありながら、彼女は権力に立ち向かった。懐柔と脅迫にめげず、死罪であることを知りながらも、彼女は信念を押し通した。「百析不屈」ということばがある。屈すれば敗北、貫けば勝利という意味である。『春香伝』は朝鮮人にとって、「義」と「恨」と「傲気」が必勝不敗の哲学であることを教訓として遺したのである。『春香伝』はこれからも朝鮮人の哲学でありつづけるであろう。

●それはもっとも悲劇的で偉大な業績であった●

『大東輿地図』

伊能忠敬が日本全図の完成をめざして、各地に足を運び測量をつづけていたほぼ同じころ、朝鮮では、同じような目的を持って金正浩《キムジョンホ》という人物が、朝鮮八道をくまなく歩き測量をおこなっていた。

伊能忠敬は、造り酒屋の養子でありながら苗字帯刀を許された地方の名士で、地図製作に当たっては幕府の手厚い保護を受けていた。一方の金正浩といえば、その出自と生年月日さえ残されていないもっとも下層の身分であった。彼の地図製作は人に知られることなく独力でひそかにおこなわれていた。

金正浩は生涯を通じて二種類の朝鮮全図を作成した。一〇年にわたる現地踏査と実測で『青丘図』を完成させ、さらに二七年の歳月をかけ『大東輿地図《テドンヨチド》』を完成した。『大東輿地図』は二二冊からなる朝鮮王朝最大最高の科学的実測地図である。この地図帖は縦三〇センチメートル、横二〇センチメートルの木版本をつなぎ合わせて作られているが、その一冊は縦一二〇里（四八キロメートル）、横八〇里（三二キロメートル）の地域をカバーしている。この地図の縮尺は約一万六二〇〇分一である。

伊能忠敬のめざした地図が、日本全体の輪郭（沿岸線）を明らかにしようとするものであったのに対して、金正浩が求めたのは、国の輪郭はもとより、山や川など地形を正確に捉え、都市や村とそれをつなぐ道路網、産業施設、城砦の位置、駅や遺跡なども書き入れる、といった壮大にして緻密《ちみつ》なものであった。実際、完成した『大東輿地図』には、一万一〇〇〇ものの対象物がこと細かく書きこまれているのである。

彼は全生涯を地図作成に傾けた。白頭山から済州島に至る朝鮮全土の津々浦々まで足をのばし踏査測量をおこなった。白頭山の登頂だけでも前後八回にも及んだという。

彼の業績は輝かしく、その一途な生きざまは称賛されるべきである。が、しかし、苦難な民族の歴史とともに彼の人生も苦汁に満ち、輝かしい足跡を残しながらも、悲しくもむなしい一生を閉じなければならなかった。

まずは、彼が作成した朝鮮全図がどういうものであったのかを見ることにする。

金正浩は『大東輿地図』の前文で、地図作成の原理として以下六カ条をあげている。

……一、面積や距離を測る。二、対象物の位置を正確に捉える。三、対象物間の距離を測る。

四、対象物の高さと低さを測る。五、角ばったもの、ゆがんだものを測る。六、曲がったものとまっすぐなものを測る。……

彼はこのような原則のもとに「一〇里（四キロメートル）方眼」の座標を作り、これでもって東西南北の方位と距離を確定していった。「一〇里方眼」を基礎に書かれた『大東輿地図』は、北は朝鮮最北端の温城《オンソン》から、最南端の済州道に至る全国土を二二段に区分して、各段を一冊とし、これらのつなぎめで経度と緯度を示している。

『大東輿地図』

彼は地図に何をどのように書きこんだのだろうか。

まずは自然的要素の描写である。

彼が地図の図面に描きこんだ地形学的要素は、記載物全体の六〇パーセントに達する。山脈の描写は根幹となる主脈と支脈、それに支脈に連なる小さな山々を線の太さと濃さで現し、名山や高い山は断面を切り取るように象徴的に描いた。彼が描いた山は朝鮮のほぼすべての山をカバーしているが、例えば慶尚道に限ってみれば実に五七三の山に及ぶ。山地に固有な特殊地形ものがさず、それらを、窟・穴・岩・堆・谷・峡など、六つの形に分類して地図に載せ、注記を加えている。

河川の描写は地図作成のうえで大きな位置を占める。経済や軍事の面から河川のもつ意義が大きいからだ。彼は河川を本流と支流に分けて描き、支流に対しては第三支流まで描き入れている。しかし重要な河川は第四支流に及んでいる。川幅は本流では二線、支流では単線で記したが、描かれた形状は実測によるものであったから、現在の地形図とほとんど変わらない。

海と湖沼の描写も精緻であった。朝鮮の東海と黄海、南海のすべての海岸線を正確に捉えて描きこむのはもちろん、干拓地や岩礁の多い所は「白紗汀」、「十二防耳」、南海の海岸線を記すには、「水勢壮湧」、「波濤恐湧」などと注を記してその状態を表している。また湖沼に対してはその対象を淵・湖・池・沼などに区分けしている。

金正浩のもっとも大きな関心は地図の政治行政的要素であった。

まず道路である。彼は、当時敷かれていた全国のおもだった道路をすべて描きこみ、一〇里（四キロメートル）ごとに記しをつけ、傾斜している道路の場合は地図上に注を記して傾斜の度合いまで描き入れている。道路はソウルに通じる幹線の「街道」、各道と邑に通じる支線の「間道」、生活道路である「別路」に区分けし、四キロメートルごとに点を打って目印としている。もっとも主要な幹線であったソウル―ピョンヤン間の実測の誤差は一キロメートルに満たない。科学的な測量機器がなかった当時としては非常に正確なものであった。

彼は行政の単位である州・郡・県を正確に区分け、その地理的位置と地形、規模と輪郭を克明に記した。そのうえに、村などの配置、官営と軍営と住民地区、農場と牧場、交易市場、郷校と書堂、主要な建物と史跡、道路と水路など、行政に必要なすべての要素を描き入れた。住民地区に対しては、さらに一般住民地区と特殊住民地区（部曲）に区分けしている。地図を開けばその地区の光景が一目瞭然として現れるのである。またソウルとその周辺地域に対しては、特別に一万三〇〇〇分一の縮尺を適用してより詳細克明に描いている。それはあたかも現代の拡大した首都圏地図を見るようなものである。

金正浩は地図作成で多くの記号を駆使している。与えられた対象と現象を記号と注記で描写した。地図に使用した記号の形態は基本的には約束記号を使用したが、象徴記号や文字記号を使用することもある。行政単位の境界は点線を用いたし、道路は線を用いた。これらの記号は現代的な幾何学模様の記号に非常に近く、見てすぐ分かる直感性と簡潔性をかね備えたものであった。

このように『大東輿地図』は、朝鮮の地理を一つの縮尺と統一した記号によって整然と体系化した、画期的な朝鮮全図である。それはまさに集約された朝鮮の姿で、それには国家の運営と行政に必要な地理的要件があまねく網羅されている。したがってその資料も膨大なもので、全二二冊からなる地図の大きさは三三平方メートルに達する。このような事実から『大東輿地図』は近代以前に作られた朝鮮地図の最高傑作といわれるのである。

金正浩はその偉大な功績にもかかわらず、経歴や人となりがほとんど伝えられていない。記録といえば唯一実学者崔漢綺《チェハンギ》が金正浩の最初の業績である『青丘図』に寄せた「題言」がある。そのなかで崔漢綺は、私の友人である金正浩は、少年のころから地理学に志をおいて、久しく研究と実測の経験を積み、地図製作方法の長短をよく心得ていた、と書いている。

何が彼をして地図製作に駆り立てたのであろうか。彼は『大東輿地図』の巻首のなかで次のように書いている。

……国を守り正しく治めるために、地理と地形を正確に把握して自然資源と住民の生活風俗・交通に至るまでつかめるように地図が作られなければならない……

「国を守り正しく治める」こと、つまり、「愛国愛民」と「経邦理国」が彼の地図製作の原点であったのだ。この原点に立って彼は全生涯を捧げたのである。もともと地図の製作は国家的事業である。下層民があえてすることでなかったかもしれない。しかし、当時の朝鮮王朝の士大夫たちは、隣りの中国がアヘン戦争でヨーロッパの列強の食い物にされているのを目の当たりにしながらも、この国の命運に関心を寄せず、花鳥風月を楽しむ毎日を送っていた。下層民であるとはいえ金正浩は憂国の士であった。地理を志していた彼は、各地を訪れるなかで民衆の困窮と外侵の危機とを肌で感じとっていた。そして今なすべきことは地図の完成にあると自からをふるいたたせ、初志貫徹に邁進《まいしん》した。

記録に残されている金正浩の友人はただひとり、先の崔漢綺である。彼は朝鮮王朝末期を代表する大実学者で、地理にも詳しく、自ら『地理典要』という書物も書いている。身分制度が厳しかった当時において、両班崔漢綺と下層民金正浩という階層をこえた交友関係は異例中の異例であった。

崔漢綺は朝鮮の近代化をめざしていた。鎖国政策に異議を唱え、門戸の開放を主張し、諸外国との交流に朝鮮の未来があると訴えていた。そのような彼にとって金正浩は頼もしい人物であったのであろう。金正浩は崔漢綺との友情を深めるなかで、朝鮮地図が祖国の近代化に大いに資する大業であることを確信し、文明開花のその日の到来を夢みつつ、地図の製作を急いだ。妻と一人っ子の娘も地図の製作に携わっていたといわれている。

『大東輿地図』が完成したのは一八六一年。それは彼の血と涙とまごころの結晶であった。もちろん彼の望むところでないにせよ、国家的事業をひとりでみごとに成し遂げたことに対する応分の評価があって当然であったが、時の朝鮮王朝の執政大院君《テウォングン》はいかにも冷淡であった。

金正浩は正当な評価を受けることなく、屈辱をかみしめながら六〇年の人生を閉じるのであるが、彼の死については次のような話が残されている。

地図が完成すると金正浩は刷りたての初版を大院君に差し上げた。ちょうど外国の異様船（黒船）の侵入がつづいていた国家騒乱の時代であったので、国防のためにとまずは初版は政府にと思いたったのである。ところが、大院君という人物は、国の近代化よりも鎖国によって王朝の延命を図る徹底した鎖国主義者であった。彼は、地図を渡されるといきり立って、製作者である金正浩に「国家機密漏洩罪」という罪名をかぶせ、死刑を宣告するのであった。それはまったくむなしくも悲しい結末であった。

しかし、死罪よりもっと耐えがたい悲劇が彼の死後に浴びせられたのだ。日清戦争のときである。憂国の士金正浩の傑作『大東輿地図』は、朝鮮駐留日本軍司令部の作戦室に掲げられていた。朝鮮王朝に認められず活用されることのなかった『大東輿地図』が、皮肉にも日本軍によって認められ、軍事物資の輸送と軍事作戦に使われていたのである。

『大東輿地図』――それは偉大にして悲しいこの民族の歴史的遺産である。

四　祈る

●それは永久に輝きつづける新羅仏教文化の華であった●

石窟庵

新羅の古都慶州《キョンジュ》から東南に向かって一六キロほどのところに、新羅仏教の総本山・仏国寺《ブルグクサ》がある。

『仏国寺歴代古今創記』によれば、この寺は新羅二十三代法興王《ボククン》二七年、国王の母であった永帝夫人の発案で、国泰民安を祈念して建立された。その後、増改築を繰り返すなか、景徳王の時代になって、宰相金大成《キムデソン》の指揮のもとで、今日の寺院の原型が造られることになった。

金大成は宰相でありながら当代きっての建築家。後で述べる石窟庵《ソククラム》も手掛け、石仏寺《ソクブルサ》・長寿寺《チャンスサ》など、新羅の代表的寺院の建立にかかわった人物である。

彼は仏教国の寺院にふさわしく、伽藍を大胆に拡張した。そして大雄殿前方左右に多宝塔・釈迦塔を配し、四囲に回廊をめぐらせ、正面の紫霞門前面には高い石段を築き、石造アーチを用いた優美な青雲橋と白雲橋を架けた。その景観は、海東一の仏教国にふさわしく、天国にあるべき極楽浄土をこの地上に置き換えたものであった。

残念なことであるが、現在の仏国寺は、壬辰倭乱（文禄・慶長の役）の際、加藤清正によって焼失したものを、その後、数回にわたって再建したものである。しかし、加藤清正とて、石まで焼き溶かす力は持ち合わせなかった。建物は焼け落ちても、新羅の仏ごころは石に宿り、その美しさを今日まで伝えてくれているのだ。

仏国寺といえば多宝塔と釈迦塔である。東の塔を多宝塔、西の塔を釈迦塔と呼ぶ。これは、多宝如来と釈迦如来が並座した姿で、一方は説法し、他方はそれを証明する形であるといわれている。

多宝塔は高さ一〇・四メートル。石材は花崗岩。方と円を平面的・立体的に調和させながら、全体として均整がとれた、繊細で緩やかな女性的な曲線美をもった実に美しい塔である。この塔は従来の新羅の伝統的様式とも異なり、アジアのどの地域の塔にも共通するところがない、まったく独創的な建造物で、なぜこのような様式が突如仏国寺に現れたのかは謎とされている。

女性的な多宝塔に対して釈迦塔は男性的である。釈迦塔は高さ八・二メートル。形は四角型で二重基壇による三層の石塔だ。基壇や塔身に何の装飾ももたず、しかも均衡は絶妙を極め、簡素でありながら端正で、全体として壮厳な雰囲気をかもしている。極度に簡素化した釈迦塔のこの造りは、朝鮮三国時代の石塔の典型をなすもので、その後の石塔に大きな影響を与えた。

話を本題の石窟庵に進めよう。

仏国寺・釈迦如来像

石窟庵は仏国寺からおよそ三・五キロ離れたところにある。吐含山《トハムサン》の山頂近くで、眼下に険しい山並を、そしてはるか彼方に東海を見おろす景勝の地だ。石窟庵は世界の石造物のなかでもっとも精巧に作られたものとして世に広く知られている。もちろん世界文化遺産だ。

長方形の前室を通って、ドーム型の天井をもった主室に入ると、多くの石仏が迎えてくれる。地面も丸く壁も丸く、そして天井まで丸いこの石窟には、温かさと慈しみのある独特の空気がただよっている。ドームの中心は釈迦如来像。その後面に十一面観音像、正面入口の左右に一対の菩薩像、そしてまたその左右に羅漢像が並んでいる。

高さ一・五八メートルの蓮座の上に置かれた釈迦如来像は、高さ三・四二メートル、膝幅二・六メートルの巨像だ。古今東西の諸々万事を観照するかのように薄く開いた両眼、母親に似たやさしさとこころの深さをもって軽くつむんだ口、まとった天衣から右手をのぞかせ、左手をそっと膝に置いたその無理のない静かな姿は、極楽浄土の平穏さをものがたっているのであろう。石で造られながらも、こころの無限の広さと温かさを感じさせるこの石像こそ、新羅の美の最高傑作である。

それを美術専門家は、「インドに端を発し、遠くバルカン半島のヘレニズム文明の影響を受け精錬された仏像は、その終着地の新羅において完成をみた。このような観点からすれば、石窟庵こそ、東洋と西洋の美の結晶を網羅して昇華させ、極限にいたるまでそれを追求し、ついにたどり着いた、まさに美における極楽浄土の世界そのものである」と、いっている。

石窟庵は他の国の石窟と違ったいくつかの特徴をもっている。

もっとも重要な特徴は、石で組み立てて造った人工的な石窟であることだ。インドや中国では、自然のままの岩盤をくりぬきながら、石像を彫り進む工法で造られている。だからそれらは、建築物というよりも、彫刻ということばにふさわしい石像である。しかし新羅の石窟庵は山を掘って横穴を開け、そこに彫刻した仏像と、天井・壁といった関連施設を組み立てて、それを土でおいかぶせるという手の込んだ工法であったのである。

どうしてこのような工法を取らなければならなかったのだろうか。

結論からいえば、石像を建てなければならないところに、石材となる適当な岩盤がなかったからだ。つまり場所よりも目的を優先して造ったということだが、これについては後で触れることにする。

石窟庵は七五一年に着工して完成まで三〇年の歳月を要した。掘り開けた窟は、左右六・七メートル、前後六・六メートル、入口の幅三・三五メートル。窟自体はそれほど無理のない工事であった。問題は資材の運搬にあった。建設現場は標高七四五メートルもある吐含山の山頂付近。しかも本尊だけでも二〇トンという重量である。その他の石仏や建物の構築物を含めれば一〇〇トンはゆうにこえたであろう。しかも、加工は現場でおこなったから、運び込んだ原石はもっと重かったはずである。

石窟庵のもう一つの特徴は、その材質が花崗岩でありながら皮膚に肉感を感ずるほどの、繊細な技巧を駆使していることである。

インドやパキスタン・中国などで見られる石窟は、巨大勇壮ではあるが繊細ではない。東南アジア諸国には非常に精巧にできた人物像がたくさんあるが、それらは粘土や柔らかい材質の岩からなっているから、加工にそれほど苦労したとは思えない。ギリシャ・ローマの彫刻の、あのまばゆいほどの美しさの秘訣の一つは、大理石というすぐれた材質であるといわれるが、大理石は石灰分を多く含みある程度の硬度をもっているが、決して硬い石ではない。

それに比べて石窟庵は花崗岩である。花崗岩は完品質粒状の組織をもったもっとも堅牢な石だ。

建築・土木用材として用いられても、彫刻用材として使われることはあまり例のないことだ。にもかかわらず、新羅の石工たちは石を餅に変えるような巧みな技をもって、あの流れるような曲線を施したのである。

石窟庵は一九九五年に世界遺産に登録されたが、そのときの審査員の激賞は、材質が花崗岩でありながら石とも思わせない温かさと優美さをかもし出した、その高い工芸術にあったのである。

さてここで、石窟庵建立の目的が何であったのかを考えてみたい。どうやらそのところに、過酷な条件をものともせず全身全霊を傾け成し遂げた、新羅の石工たちの石窟庵に対する熱い思いがあるように思える。

伝説には、石窟庵は仏国寺を創建した宰相の金大城が、父母の供養のために造ったものといわれている。しかし、宰相の父母の供養が目的の石窟造成にしては、あまりにも大がかりな事業である。国家のなんらかのメッセージがあり、それを支える庶民の強力なバックアップがあったのであろう。

そこで、なぜ、位置が吐含山のそこなのかという疑問が生ずる。

石窟庵の置かれたその場所は、当時は海上交通の要衝であった甘浦《カムポ》を見おろす位置にある。それは内にあっては新羅の都慶州に通じていたし、外に向けては日本からの水軍を監視する天涯の要塞であった。その倭寇の侵入を、仏の力で撃退しようと文武王《ムンム》が建てた感恩寺《カムンサ》が石窟庵の先一三キロの地点にある。「私は死後、東海から侵入してくる賊を防ぐため海竜になりたい」、これは王が遺した遺言である。その王の遺言を確かめるように石窟庵の本尊の視線は感恩寺の三層石塔に向けられているのだ。

早朝、東の海の水平線に日が昇るころ、石窟庵は幻想の世界のような輝きで、人々のこころを魅了する。うっすらとした霧の中、ゆっくりと時間をかけて姿を現す本尊。本尊の額に陽ざしがうつり、それがまた東海にうつし返されるなかで、平穏な新羅の朝がはじまった。人々は釈迦如来を崇《あが》め毎日の平安無事を祈り、国難にあっては、護国救国の仏であると信じて疑わなかった。

石窟庵が吐含山のあの位置であるのも、一〇〇トンの重圧を耐え抜く我慢も、そして、花崗岩を美の極致にまで至らしめたのも、その根源は護国安寧を願う仏のこころにあったのである。

●それは一二〇〇年前の空前絶後の大インド旅行記であった●

『往五天竺国伝』

新羅の求道僧恵超《ヘチョ》がインドの五カ国とその近隣諸国を巡礼して旅行記を書いた。一二〇〇年ほど前のことである。『往五天竺国伝《ワンオチョンチュクククチョン》』という書名のこの旅行記は、八世紀のインドと中央アジアに関する風物を詳しく伝え、世界にまれにみる珍書の一つとなった。

当時インドを天竺《てんじく》と呼んだ。天竺はお釈迦さんのふるさとであったから、志のある多くの修行僧は天竺をめざしていた。しかしその道は険しく危険を覚悟しての旅だちであった。それがいかに危険きわまりのない旅行であったかについて、『大唐西域求法高僧伝』は、「五十余人の法師が天竺に向かうも帰り来る者は数人に至らず」、と書いている。死を覚悟しての旅行であったのだ。

もちろん天竺から帰国した求法僧がまったくいなかったわけではない。六世紀のはじめには百済の僧謙益《キョムイク》が、五年間のインド修行後『律部経典』を持って帰り百済律宗の始祖となるのだが、このような幸運は空の星をつかむようなものであった。

恵超がインドに向かって出発したのは七一九年。当時は、百済と高句麗を破って半島の覇者となった新羅が、仏教の保護のもとにその全盛期を謳歌していた時代であった。東アジア屈指の皇《ファン》龍寺《ニョンサ》をはじめ大寺院が各地に建立されていたし、元暁《ウォンヒョ》・義湘《イサン》など後世に名を残した大家が仏教哲学を著わし、その影響で若い僧侶たちは本物の経典を得ようと誰もが天竺行きに胸を躍らせていた。

やっと二〇歳になったばかりの恵超も例に漏れず天竺をめざしていた。もちろん修行が目的のインド行きではあった。しかし彼にはそれが目的のすべてではなかった。未知の国に対する憧れと、怖いもの見たさの冒険心があった。彼は並々ならぬ好奇心の持ち主であったのだ。彼が修行僧でありながら旅行記を書き残すことになったのは、その好奇心のゆえであった。

彼はどのような行路でインドに行き、そこで目撃したのは何であったのだろうか。彼がたどった道のりに沿ってみることにしよう。

往路は海路であった。まず、新羅を船で出て唐の広州に着き、そこで知り合ったインドの僧侶と連れだってインド行きをはじめる。広州を出ると一路インドをめざした。スマトラを経由しインド洋に出て、進路をまっすぐ北に向けインドの東海岸に着く。

当時のインドは五天竺国と呼ばれていた。東西南北と中央のインドであるが、恵超は東インドの、現在のベンガル湾あたりから上陸したらしい。しかし彼の旅行記はベンガルではなく、中部インドのガンジス川流域からはじめられている。お釈迦さんの説法で名が知られていたガンジス川を旅行の出発点としたかったからである。
八世紀のインドは仏教衰退の時代であった。聖地巡礼にこころざしを大にして足を踏み入れたところだが、インド仏教の荒廃は目にあまるものがあった。ガンジス流域のマガタ国はかつて仏教隆盛一六国の一つに数えられた国であったが、寺院は荒廃し仏教遺跡に人影もなかった。彼はさらに足を進め釈迦涅槃の聖地カシアの地を訪れるのであるが、そこも無残な光景であった。その光景を彼は次のように記している。

……カシア（狗尸那）はお釈迦さんの聖地であるが、城は朽ち果て廃墟同然である。お釈迦さんの入寂の地に塔があって、一人の年老いた僧侶が水をまき清めているのを見る。毎年八月八日、僧侶は人々を集めて説教するが、仏教に帰衣して入信する者は少ない。城に人影はなく牛や害虫が人々の礼拝を拒んでいた……

恵超はさらに足を進めた。お釈迦さんが最初に説法したベナレス（彼羅尼斯国）、お釈迦さんが得道したブダガヤ（仏陀伽耶）など、ガンジス川下流の遺跡を訪ね、さらに川を上り西天竺のカウナジ（葛那乃自）一帯を巡礼した。
その後、三カ月をかけて南天竺に至るが、そこは現在デカン高原と呼ばれるところである。さらに、二カ月かけて西天竺のボンベイを経て、北天竺のジャーランダラ（闍蘭達羅）に至り、そこからさらに北上しカシミール（迦葉彌羅国）に到着する。彼はそこを拠点にネパールとその周辺国を巡った。

五天竺をつぶさに訪ね歩いた恵超は、次に西部トルキスタンをめざした。一カ月かけてガンダーラ（建駄羅国）に着き、さらに五〇日を旅してアフガニスタン北部のトハリスタン（吐火羅国）に着いた。この地で彼は、ペルシャ（波斯国）、アラビア（大食国）、東ローマ帝国（仏林国）に関する記録を残している。

これ以後、恵超は、ブハラ（安国）、カルーシ（史国）、サマルカンド（康国）、タシュケント（石国）を経て、いよいよ帰路に入る。

帰路は陸路であった。地球の屋根といわれる険しいコース。山あり谷あり砂漠あり、飢えと寒さとの戦いであった。今日においても、よほどの重装備で十分な食料と水があって、しかも強靭な体力があって可能なコースである。彼はそれをどのようにしてたどっていったのであろうか。

遠くヒマラヤを望みながら、彼は詩一句を詠んでいる。

険しい雪は氷壁にへばりつき
強風は道を塞ぐ

雪海は積もって壇を成し
川は凍って原野を食い尽くす
竜門に滝は途絶え
泉水に氷蛇が映る
火を友にして口ずさめど
パミールを前にして足はすくむ

パミール高原を越えた恵超は、安西四鎮の一角をなすカシュカル（疏勒）に入り、クウーチャ（亀茲）を経て、タクラマカン砂漠を横断する。そしてホータン（于填）、カラシャル（焉耆）を抜け、まっすぐ唐の都長安にたどり着いた。

彼の長安帰着は七二七年であるから、実に八年の歳月を要しての旅であった。彼が歩いた道のりは、中国・インドネシア・インド・アフガニスタン・パキスタン・イラン・シリアに至り、そして、中央アジアの国々を巡って帰るという、まさに空前絶後の数十万キロの旅であった。

彼の旅の目的はもちろん聖地巡礼であった。しかし、好奇心旺盛な僧侶であった彼は、行く先々でその土地の、政治状況・気候風土・風俗世態・技術水準など、見聞した事柄を手に取るように書き残している。

例えばインドについて次のように書いている。

……ことばと風習に共通点が多い。気候は熱く、霜も雪も見ることがない。したがって樹木は枯れることなく年中青い。食料は米粉で作った餅を食べ、牛乳を飲むが醬油のたぐいはない。鉄製の釜はなく土鍋を用いる。監獄はなく罪の軽重をはかって罰金を徴収する。盗賊は多くよく人の物を盗む。しかし人を殺すことはない。裁判は国王参席のもと、首領と百姓たちが議論し、王は怒らず最終決定を下す。決定が下されれば皆それに従う。王と首領は仏教を尊重し、師僧の前では椅子を降りて地に座する。金と銀の産出がなく外国から取り入れて使う。家畜を飼育することはないが、牛は飲乳を目的に飼う。殺生を好まないから市場にも肉はない。仏教は大乗も小乗もともにおこなわれる……

これが恵超が見た一二〇〇年前のインドの風景である。

長安に帰った恵超は薦福寺という寺院にこもり、密教の経典の研究と経典の漢訳に全力を傾けながら、インドで見聞した資料を整理して『往五天竺国伝』を著わした。

『往五天竺国伝』は、八世紀初期のインドと中央アジア地域の、政治・経済・社会・風俗に関するもっとも正確で具体的な総合的記録である。この旅行記はこの地域に関する学術的研究において一級品の資料となっている。その資料的価値について、アメリカ・エール大学教授ジョハンダラは、「マルコポーロの『東方見聞録』には造作が見られるが、恵超の『往五天竺国伝』はすべての記述が正しく、これこそ、世界古典文献のなかでももっとも貴重な資料である」と、いっている。

このような貴重な資料であるにもかかわらず『往五天竺国伝』は、長い間その存在さえ知られなかった。

その存在が明らかにされたのは、一〇〇年前の一九〇八年。フランス人学者ペリオによって、中国甘粛省敦煌の石窟から発見されてからである。唐・宋時代の古文書五〇〇〇種のなかに、たまたま『往五天竺国伝』が含まれていたのである。なぜ敦煌の石窟のなかにあったのかは謎である。貴重な資料であったから、それを安全な敦煌に保存しておいたのであろう、という推論がある。

その後、『往五天竺国伝』は、日本の学者藤田豊八氏によって詳細な注釈が加えられることで、往路と帰路の行程のほか、彼の巡礼と見聞の全容がより具体的に知らされることになった。

『往五天竺国伝』は現在フランスのパリ国立図書館が所蔵している。

●それは国の安寧を託して刻印した八万枚もの一大経典であった●

『八万大蔵経』

海印寺《ヘインサ》は慶尚南道伽耶山（一四三二メートル）の中腹にある。巨岩と清流と老木のおりなす景勝の地だ。創建は八〇二年。新羅第四十代哀荘王《エジャン》が、二人の名僧の功績をたたえて建立した由緒ある寺院だ。海印寺は通度寺《ドトンサ》（釜山）、松広寺《ソングァンサ》（広州）とともに朝鮮「三大名刹」の一つである。

海印寺の境内に入ると、創建当時に築かれた石塔や灯籠がある。また、いく棟もの殿堂が整然と並べて建てられている。しかし、それらは後世に改築されたもので、文化的価値の高いものではない。重要な建物は修多羅殿と法宝殿の二棟からなる板庫である。見た目にはこれといった特徴のないいかにも質素な建物だ。だが、決してあなどってはならない。一四八八年に建てられてから今日に至るまで、五〇〇年の間、国宝『八万大蔵経』板木を保管しつづけてきた大変貴重な建物なのである。

まずは、「大蔵経」とは何かということから話を進めたい。

「大蔵経」は仏教聖典の総称である。それは釈迦が説法した経典、仏法者が守るべき戒律、経典と戒律を解説した論からなっている。それをひとことで簡単に表すならば、仏教に関する百科全書のようなものといえよう。仏教の真実を学び普及するうえで、もっとも重要なよりどころとなる書物である。

そもそも経典の収集と発行は中国にはじまった。仏教が伝来され普及するなかで、多くの僧侶たちがインドに足を運び経典を学んだ。唐の高僧玄奘三蔵法師がインドから持ち帰った経典を漢訳し『大般若経』を著したのも経典の収集にあった。

しかし「大蔵経」の出版は、すでに収集した経典をすべて網羅して分類し、それをひとつの全書としてまとめあげるという大がかりな事業である。それを宋の太祖が手がけたことがあるが、高麗の「大蔵経」出版はそれをはるかに上回り、しかも木版にして印刷も可能にするという、意欲的な取り組みであった。

なぜ高麗が「大蔵経」の出版を思いたったのであろうか。

高麗は仏教国であり、王族も貴族も庶民も敬虔《けいけん》な仏教徒であった。人々は仏の慈悲と寛容がこの国の繁栄をもたらし、仏力を借りれば外敵の侵略にも打ち勝つものと信じていた。高麗の仏教は護国色の濃い宗教であった。天台宗と曹渓宗という二大宗派があったが、いずれも、国難にあっては宗派を問わず、護国安民のみ旗をたてて結集した。

高麗での「大蔵経」の制作は二回にわたっておこなわれた。一回目は契丹族の撃破を祈願してのことであったし、二回目は蒙古族との戦いに勝利するためであった。

一〇四二年から六〇年の歳月をかけて完成させた一回目の「大蔵経」は、残念なことに、蒙古の侵略によって焼失してしまった。現在海印寺に保管されている板木は、二回目のものであるが、それは、蒙古の大攻撃を受けた高麗が王都を江華島に移し、熾烈《しれつ》な反蒙古戦争の渦中に制作し完成させたものである。

「大蔵経」の板木彫造に取りかかっていた当時の状況を、国家の安泰を祈願して書かれた『君臣祈告文』は次のように述べている。

海印寺の『八万大蔵経』板木

……蒙古の横暴は想像を絶するほど苛酷を極めている。その兇悪ぶりはもとより、その愚かさは禽獣にも劣るものである。今こそ天下に、この国にもっとも高尚な仏法があることを知らしむべきである……

高麗王朝は仏の力に国家の運命を託した信仰の強さが、蒙古の総攻撃を打ち破り、国家の主権を守り抜くものと確信していた。そして、国民すべてを「大蔵経」制作に参加させ、仏法のもとに意志の統一を図り、一糸乱れぬ不屈の体制でもって侵略者に対処した。それを今風にいえば挙国一致体制を確立していったのである。

高麗の朝廷は戦乱のなか、全国の文人・僧侶・技術者に檄《げき》を飛ばした。江華島に大蔵監司を、晋州《チンジュ》に分司を置いて指揮監督させた。散逸した経典の収集と校正、木材・紙・墨など資材の供給、刻字と板木の組み立てなど、すべての工程を組織だったシステムのもとで力強く押し進めた。

「大蔵経」の板木はどのようにして造られたのであろうか。

それは木版であるから、もちろん木材の伐採と加工が先行した。木材の種類はいろいろあったが、チョウセンミネバリが多用された。伐採地は済州島《チェジュド》・莞島《ワンド》・巨済島《コジェド》・鬱陵島《ウルルンド》の山林。木に水分の多い春と夏は避けて枯渇期の秋と冬に伐採し、いかだに組んで江華島に運んだ。木材を海水につけること三年。それを塩水で蒸して樹脂を抽出し、さらに数年日陰で乾かし、規格の大きさに切り出して板木にした。これは朝鮮の家具用材木の伝統的処理過程で、こうして造られた板木は堅くて割れないという特性をもっていた。

一枚の板木はおよそ、横幅七〇センチ、縦幅二四センチ、厚さ四センチ。板木一枚に一行一四字×二三行の経文を漢字で精密に刻んだ。刻まれた総字数は五〇〇〇万字。二〇〇字詰め原稿用紙では三〇万枚だ。一人の刻字工に一日一枚の作業とすれば、三〇人が取り組んで一六年がかりの仕事となる。

作業は大がかりであった。木工たちは板木の表面をかんなで整え、書字生たちは高麗紙に経典を書き写し、刻字工たちは、それを板の上に裏返しにして糊で固定し、なぞりながら刻んでいった。一文字刻んでは「南無阿弥陀仏」と合掌し、また刻んでは「南無阿弥陀仏」と合掌する、という厳粛な作業であった。刻字された板木は校正師によって最終的に確認された。誤字や脱字があればもちろんすべてはじめからのやりなおしだ。作業はこれで終わったわけでない。板木はさらに漆工にわたり、総漆塗木版に仕上げられた。そして最後に、両端に角木を取りつけ、端に経名・巻次・丁数・千字文番号の函数を書いて、いよいよ完成ということになったのである。

完成した木版の総枚数は八万一二五八枚。積み重ねれば朝鮮の最高峰白頭山をしのぐ高さである。『八万大蔵経』という呼び名は比喩でない。文字どおりの枚数なのである。

高麗に対する蒙古軍の侵略は六回に及んだ。国土は廃墟に陥り、多くの人命が失われた。しかし、国民は守り神である「大蔵経」があるかぎり勝利は高麗にありと信じて戦った。蒙古軍は遷都した江華島を落とそうと、いく度となく総攻撃をかけたが、「大蔵経」が収められているこの島を三〇年かかっても落とすことができなかった。『八万大蔵経』はやはり国家安泰の守り神であった。仏力によって敵は退き、平和が仏教国高麗に戻ってきた。

時代が高麗から朝鮮王朝に代わった初期のころ、祖国を二度にわたって危機から救った『大蔵経』を、江華島から現在の海印寺に移す計画が進められた。蒙古に代わって日本の倭寇が、江華島周辺の海にまで出没し、「大蔵経」の強奪を虎視眈々とねらっていたからである。

「大蔵経」の引っ越しは、江華島から船で漢江に入り、さらに下流から上流の忠州まで進み、そこから陸路に変えて山深い海印寺まで運ぶ大変な作戦であった。一枚が三キロとすれば総量二四〇〇トンである。この引っ越し作戦にも全国民が動員された。

「大蔵経」は、李朝太祖二年に一部を印刷して海印寺に奉納したのをはじめ、歴代の王朝はその出版に努めた。世祖三年に五〇部を印刷したが、その一部を日本の僧侶栄弘が持ち帰り、現在、東京の増上寺と京都の東本願寺に保存されている。

『八万大蔵経』は朝鮮が世界に誇る仏教文化の最高遺産の一つである。何よりも仏教の経典としてのその資料的価値が大きい。『大蔵経目録』によれば、収集し収録した経典は、大乗の経・律・論と、小乗の経・律・論を含む、全六八二函、一五二四部、六五四八巻に及ぶ。しかもインドや中国ではすでに散逸してしまっていた貴重な経典も収録した。『八万大蔵経』は原存する「大蔵経」のなかで学術的にもっともすぐれ、それ以後各国で出版された経典の原本になっているのだ。

『八万大蔵経』は美術品としての価値もあわせもっている。刻印された五〇〇〇万にのぼる字に誤字・脱字が一文字もなく、一瀉千里のような正確さと整然さをもって彫刻されていることから、それらすべてが書芸の逸品といわなければならない。

『八万大蔵経』は八〇〇年という風雪にもかかわらず、その保存状態は非常によい。その秘訣は何であったのであろうか。

それは経典を保存している板庫の設計にあった。はじめに紹介した修多羅殿と法宝殿のことである。板庫であるこの建物は、通気性と湿度管理のための知恵が施されていたのである。寺院の裏を流れる渓谷を考慮して、建物の正面と裏面に高さと形状に微妙な違いがある窓を設けることで、建物自体を自然空調設備に仕立て、また、建物の土間の床を、木炭・石炭・砂・石灰・塩などを土に混ぜて固めることで、梅雨時には床が湿気を吸い、渇水時には、含んだ湿気を吐き出すように工夫されているのだ。

『八万大蔵経』板庫への入口には、「仏身法界充満法力難思」と書かれた扁額がかけられている。仏の無限の威力を表した字句である。このことばが示しているように、『八万大蔵経』板庫は人智を超越した不思議な力で守られてきた。

板庫がいくたびも幸運に恵まれてきたのは事実である。過去には数回の大火に見舞われ、ほとんどの建物が焼失したこともあった。しかし、板庫に火の手が回ることは一度もなかった。「八万大蔵経板木」はこの民族にとって国の安泰を約束する宝物中の宝物である。

五　蘇る

●それは民族開闢《かいびゃく》の謎を秘めた壮大なロマンであった●

檀君神話

神話は古代の人々が創り伝承によって伝えられた説話である。神話には天体の運行や自然の変化、生命の神秘など、人間を取り巻くあらゆる事象が擬人化されて織りこまれている。当時は自然を科学する能力を持ちえなかった時代であった。人々は自然界に超能力を認め、それを恐れ、それにあやかり、そして、その威力を借りて自らの運命を切り開いていった。神話の世界には奇跡がつきものだ。それは、未知の世界に果敢に挑み不可能を可能にして生きた、古代人の開拓志向精神の現れである。

古代朝鮮の社会は神々の世界であった。高句麗には高朱蒙《コジュモン》が、新羅には朴赫居世《パクヒョコセ》が、そして伽耶《カヤ》には金首露《キムスロ》がいた。彼らは天命を授かって地上に降り、部族の民を教化して産業をおこし、国造りに励んだ建国の神々であった。その神々が、ひとしく仰いで奉ったさらに偉大な神が、はるか数千年以前の朝鮮半島に君臨していた。その偉大な神を檀君王倹《タングンワンゴム》と呼んだ。

檀君王倹は朝鮮民族の始祖王である。十三世紀の高麗で編纂された『三国遺事』や『帝王韻記』、十五世紀の『世宗実録』は、彼を民族開闢《かいびゃく》の王と位置づけている。檀君王倹の軌跡は中国の記録にも見られる。『魏書《ぎしょ》』が、「二〇〇〇年ほど前、檀君王倹が都を阿斯達《アサダル》に定め、国をうちたて朝鮮と号したが、それはちょうど中国の堯王の時代であった」と紹介している。

まずは『三国遺事』の記録から神話の内容をうかがうことにしよう。

……むかし、天帝桓因《ファニン》の子桓雄《ファヌン》が、父から授かった天符印を携え三〇〇〇の部下をひきいて、太伯山《テベクサン》の頂の神檀樹に降りた。彼はここを神市《シンシ》と呼んだ。彼は、風伯・雨師・雲師を用い、穀物・生命・疾病・刑罰・善行・悪行など、人間三百六十余の事柄をつかさどりながら民の教化にも励んだ。

檀君肖像

このとき、一頭の熊と虎が現れ、人間になりたいと願い出た。桓雄は獣たちにヨモギとニンニクを与え、百日のあいだ陽光を見ないでいれば、かならず人間になれるはずだと教えた。虎は我慢に耐えられず途中であきらめたが、熊はがんばって二一日目に人間の女に生まれ変わった。変身した女を熊女《ウンニョ》といった。

ある日、熊女はまた神檀樹に現れ、今度は、子を宿したいが相手がいない、どうか探してくれないかと願い出た。桓雄は臆することなく人間に姿を変えて、この女と結婚し子どもをもうけた。その子を檀君と呼んだ。檀君はピョンヤンを都にして国を朝鮮《チョソン》と名づけた。檀君はそれ以後一五〇〇年のあいだ国を治めた……

この神話をめぐっては従来からいろんな議論があった。議論は大きく二つに分けられる。一つは、この神話が古朝鮮の建国にまつわるものとの立場から、科学的解明の必要性をとく説であり、いま一つは、科学するにあたいしない後世の創り話、つまり虚構にすぎないという説であった。論争は数十年に及んだ。しかし、その間、歴史・考古学の分野で研究が進み、また画期的な発掘もあって、論争は現在ほぼ決着するに至っている。

結論からいえば、檀君神話は新石器時代から古朝鮮に至る、部族国家形成過程をものがたる建国神話であり、神話の主人公檀君王倹も実在していた人物で、朝鮮民族の始祖王であるということだ。神話は一見とりとめのない滑稽な話ではあるが、物語のふしぶしに、この民族の歴史的真実が秘められていたのである。

それでは今日、解明された檀君神話の真実とはどういうものであろうか。

檀君神話を分析してみると、その話がいくつかの部分からなっていることが分かる。桓因のこと、桓雄のこと、桓雄と熊女の結合のこと、そして最後は、檀君の生誕と古朝鮮建国に至るまでのことである。神話では、檀君は桓雄の息子であり、桓雄は桓因の息子となっているから、話の四つの部分は、全体として、祖父と父と息子の三代にわたる物語である。しかし、神話や伝説は長い歴史が圧縮して伝えられるものであるから、桓因・桓雄・檀君を、朝鮮民族生成の初期のころから古朝鮮建国に至るまでの、長い歴史的期間として捉えるべきである。それを、現代の歴史学や考古学に照らして説明すれば、その歴史的期間が何であったかが明らかになる。

改建された檀君陵

檀君の祖父桓因に集約される時代は、旧石器時代から新石器時代にわたる漠然とした長い時間の流れであった。朝鮮半島とその周辺には、後に朝鮮民族を形成するさまざまな集団が群れをなしていたが、いまだ一つにまとまることがなかった。しかし、時間の経過とともに、やがて将来民族統合の中心となる有力な部族の台頭がはじまることになった。天帝桓因はそういった時代の象徴であった。

檀君の父桓雄の時代が到来した。桓雄は天帝から天符印を授かり太伯山に降りたった。天符印とは三種の神器のようなもの。おそらく権力の象徴であったのであろう。しかも彼は、風伯・雨師・雲師をたもとにおいて、三〇〇〇の部下をひきい、人間三六〇の事柄をつかさどったといっている。これは明らかに、桓雄が有力な支配集団の酋長か支配的地位にいた人物であったことを現している。天下って降りた桓雄の勇姿はまさに権力を手中に収めた支配者の風格そのものである。三種の神器を持ち、文武官僚と三〇〇〇の軍団をひきいる彼は、天孫属のみ旗を掲げ、周辺の弱小部族の統合を急いだ。熊女との結合は、天神を崇拝する桓因系統の部族が、熊を崇拝する熊女系統の部族を統合する過程を、象徴的に描いたものと推測される。

時代が下って檀君の時代は、いよいよ部族国家が形成される激動の時期である。幸いなことに、この時代を代表する遺物の多くが残されている。それらを手がかりに檀君の正体に迫ってみよう。

青銅器の時代に国家の出現をみるのは世界共通の現象である。現在、檀君時代の遺跡から青銅でできた琵琶型短剣が数多く発掘されている。銅剣は、アジアでは、隣りの中国の東周式銅剣がもっとも古いとされているが、朝鮮の琵琶型短剣は起源において、中国のそれとはまったく異なる朝鮮特有のものだ。このことは、黄河文化とは違った文明が、同じころのこの地域にあったことを示唆するものである。

次に支石墓である。支石墓は朝鮮語でコインドルと呼ばれている。それは、石器時代から初期鉄器時代にかけて、世界的に分布する巨石墳墓であるが、イギリスのストンヘンジやフランスのカルナク列石でよく知られている。日本にも九州地方に見られるが、数も少なく規模も小さい。朝鮮は世界有数の支石墓文化圏である。二〇〇〇年十一月に、江華島《カンファド》をはじめ、数カ所のコインドル群が世界遺産に登録されたが、それはごく一部にすぎない。

支石墓の数は世界的に推定六万基とされている。その三分の一の二万基が朝鮮半島にあり、そのなかの一万四〇〇〇基がピョンヤン近郊にあるのだ。もっとも古いのは六〇〇〇年前のもの、もっとも重いのは二八〇トンもの巨石である。規模の大きいものからは、華やかな金製の装飾品とともに琵琶型短剣が出土し、殉葬されたものと思われる数多くの死骸も認められる。

数百トンもの巨大な石を運び組み立てるには、万単位の人力が長年の間動員されて可能であったはずだ。これらのことは、檀君が絶大な権力を持った奴隷制国家の統治者であったことをうかがわせる。

近来、檀君に科学の照明を当てることで、この神話にまつわる多くの謎が解けてきた。その謎解きの最たるものは、神話上の檀君でない本物の、正真正銘の檀君の遺骨を発見したことである。

一九九三年十月、朝鮮社会科学院は、ピョンヤン市江東《カンドン》郡で檀君墓を発掘し、檀君と彼の妻のものと見られる男女の遺骨を発見した、と朝鮮中央通信を通して発表した。あわせて、電子相磁性共鳴法による測定の結果として、遺骨は五〇一一年（＋－二六七年）前のものであり、男性の身長はおよそ一七三センチである、と報じた。

この報道は瞬時に朝鮮半島南北をかけめぐり、檀君論争の新たな火種となった。多くの人々は、檀君墓の発掘は民族史上最大の歴史的快挙である、ともろてを挙げて喜んだが、少なからぬ研究者は、測定の仕方のあやまちでないか、政治的意図があっての発表ではないか、と疑問を投げかけた。しかし、発掘現場の江東郡は『李王朝実録』などでも明らかなように、李氏朝鮮の歴代の王たちがピョンヤンに赴く監使（知事）に、檀君墓を鄭重に祭るよう指示していた檀君の墓所そのものであり、年代測定に関しては、使用された測定器が大阪工業大学製作の最新精密器機であったことから、発掘の成果をいたずらに否定するわけにもいかなかった。そこで、南北の研究者の間で、発掘に関する記録と調査報告に対する検討が繰り返してなされ、現在に至っては、一部に異論はあるとしても、大筋ではそれを事実として認定している。

檀君墓の発掘以後、檀君と古朝鮮に関する研究が、歴史・考古学という枠をこえて、広く多方面にわたっておこなわれ、謎のベールが一枚一枚解きほぐされている。

何よりも古朝鮮の建国年代が確定されたことの意味は大きい。檀君の出生が五〇一一年（＋－二六七年）前であることはすでに述べた。これを絶対年代として考えれば、古朝鮮の建国は紀元前三〇〇〇年である。それは、前述の『魏書』がいう中国の堯の時代であるが、『三国遺事』が指摘した建国年代とぴたりと符合するのである。朝鮮民族は古来より、「五〇〇〇年の歴史」、「半万年の歴史」という表現を使ってきた。しかし、それは決して単なる文学的な修辞語ではない。実際の長さであったのである。

研究成果はこれにとどまらない。研究者たちは、古朝鮮の勢力圏は、朝鮮半島全域と中国東北地方および沿海州に及び、その首都はピョンヤンであったこと、古朝鮮は行政組織と法律が整備された部族連合国家であり、その頂点に檀君王倹が君臨していたこと、古朝鮮は高い農業生産力と、琵琶型短剣を生産するほどの高度な金属加工技術を持っていたこと、そして、独自の文字を持って歴史をつづり、文化的な生活を営んでいたことなど、多くの問題を明らかにした。

中国の晋の時代に書かれた「魏志東夷伝《ぎしとういでん》」は、古朝鮮の風俗について次のように書いている。

……その国（古朝鮮）は大国であるが小国をさげすむことなく、強力な軍事力を持ちながらも隣国を侵すことをしなかった。人々は人情厚く何事も譲り合い、男女は道理を重んじ身をもって実践した。まさにこの国こそ東邦礼儀の国といえよう……

この記録は、檀君の時代よりかなり後の古朝鮮の風俗を、中国人の目から捉えたものであるが、風俗にみられる美風良俗は、現代朝鮮にあい通じるものがある。おそらくそれは、檀君の時代にすでに確立していた民族固有の倫理観であったにちがいない。

　檀君神話は長らくこの民族の精神的遺産であった。今日では、彼が実在の人物であったことが科学的に証明されたが、考古学のなかった時代においても、檀君はこの民族のこころのなかに生きつづけてきた。歴代の王は自らを檀君の後裔であると誇らかに宣言していたし、世宗大王に至っては、ピョンヤンを聖なる地域に指定して、そこに高句麗の東明王《トンミョン》とともに檀君を祭る祠堂を設けさせた。祠堂は各地にもあったが、なかでも、九月山《クウオルサン》三聖祠堂と江華島摩尼山の檀君祭壇がもっとも大がかりなもので、檀君によって国が開かれた十月三日は、国王参列のもと国家開闢の儀式が執りおこなわれた。儀式は今日もおこなわれている。

●それは墳墓に描かれた最盛期高句麗の優美で勇壮な姿であった●

古墳壁画

高句麗は東アジア最強の国であった。中国の隋を滅ぼし唐とも互角にわたりあっていた。その版図は広く朝鮮半島中央から満州全域に及んでいた。高句麗といえば、強力な騎馬軍団を思いおこすが、軍事だけではない。高い文化水準を誇っていたのだ。しかし残念なことに、その遺物はことごとく破壊され奪い去られ、いにしえの栄華をしのばせる物は、現在ほとんど残されていない。

古墳壁画はその残された数少ない高句麗の文化遺産である。地中に埋もれていたのが幸いして、千数百年前の優美で勇壮な姿をそのまま今に伝えてくれている。

高句麗は新羅や百済とともに日本と深く関係していた国である。『古事記』や『日本書紀』を開いてみると、多くの高句麗の学者や僧侶が奈良の都を訪れ、大陸の先進文化を伝えていた事実が書かれている。奈良の高松塚古墳やキトラ古墳などにも高句麗の影響が見られるという。高句麗は意外と遠くて近い国であったのだ。

現在まで八十余基の壁画古墳が確認されている。それらはほとんど、高句麗最盛期に築造されたもので、時期的には四世紀から七世紀中葉に至るものだ。使用された顔料はすべて鉱物性。赤色・黄色・緑色・青紫色・黒色と多彩で、時代の変化を感じさせない鮮やかな色彩である。壁画は漆喰《しっくい》塗りの壁面かよく磨かれた石壁に直接描かれている。金箔と銀箔に玉の象嵌《ぞうがん》を施したものもあり、さながら一基の古墳がまるごと、美術館の展示場の様相を呈している。

高句麗の古墳壁画は、その築造年代によって、前期のものは風俗画、中期のものは風俗画と四神図、後期のものは四神図といったように、時代によっておもむきを変えている。

各時代を代表する壁画を以下に紹介しよう。

高句麗最大の壁画古墳は黄海南道信川《シンチョン》市郊外にある安岳《アナク》三号墳である。四世紀なかごろ、広開《クワンゲ》土《ト》王の時代のものであるから前期に属する。それは、墓の規模の大きさや壁画の美術的完成度からいって高句麗最高レベルのもので、中国の敦煌《トンコウ》や唐代の古墳壁画にまさるとも劣らない。朝鮮が誇る世界的遺産である。

平面は三〇メートル四方の方形。高さは六メートル。頂点に上がりながら円形になる高句麗特有のドーム型の墳墓である。墓室に一歩足を踏み入れれば、そこはもう高句麗風俗画の世界。王侯貴族の生前の生活や特筆すべき出来事がところ狭しと描き込まれ、見るものの眼前に迫ってくるのだ。

安岳3号墳壁画に描かれた高句麗王

墓室は五つの部屋からなっている。全体の広さは東西九メートル、南北七メートル、高さ三メートルほど。日本の住宅に比較すれば4LDKほどの空間であろう。

壁画の中心は男女の夫婦の肖像画である。男は威厳に満ちている。左右に役人を従えて、何かの報告を臣下のものから受けている。ピンとはねあがった口ひげ、堅くつむった口、鋭く光る眼光。今にも、けたたましく号令が発せられるかのような、張りつめた雰囲気がそこにある。

考古学の世界では常に被葬者が誰かが問題となる。しかしこの主人公には議論の必要はまったくない。明らかに高句麗の王である。王である証拠が壁面に描かれている。一つは彼が頭に戴いている冠だ。それは王だけに着用が許されていた白絹の白羅冠という冠だ。もう一つは、これについては後で触れることになるが、彼がひきいる騎馬軍団の兵士の一人が、黒地に朱色で「聖上幡《せいじょうばん》」と書かれた軍旗を掲げていることだ。聖上とはもちろん王の別称である。

主人公の左側の女性は王の后であろう。彼女もやはり左右に侍女をはべらせている。白くふくよかな顔に朱色鮮やかな口紅がさされ、高く巻き上げた黒髪には金銀宝石の飾りが輝いている。男の威厳に対して后の表情はやさしく慈しみ深い。それは今でも見られる朝鮮人家庭の夫婦の生きざまをみるようだ。

墓室の中央前室の壁面に目を移そう。大行列が壁面いっぱいに描かれている。文武百官と楽隊・騎馬隊・儀杖兵が、牛車に乗った主人公に随行している。先頭に旗手が立ち、武装した兵士たちが後衛を務め、儀杖兵に取り巻かれて主人公の王がくつろぐように座っている。彼の目は、先ほどの肖像画とは違って、やさしくほほ笑んでいる。彼の目線は格闘技に向けられている。上半身はだかの二人のたくましい闘士が、両腕をかまえて闘おうとしているのだが、よく見ると格闘技にしては緊張感と迫力に欠け、どこかユーモラスでさえある。ほほえむ表情を表すことで、国王の人間的なやさしさを表現しようとした、絵師の心遣いがそこにあった。

壁画は東側の側室につづく。そこは、厨房・井戸・屠殺場・石臼・車庫・うまや屋など、王室の裏方、使用人たちの空間である。いちばん北側の壁に、井戸とつるべで水汲みする女の姿があり、瓦葺きの小屋にはかまどの火が赤々と燃え盛り、左手にしゃもじを持った女が煮物の味見をしている。調理場の屋根の上にカササギが羽根を休め、臭いをかぎつけてきたのか野良犬二匹がうろついている。下男と思われる男がせっせと皿を積み重ねているところを見ると、どうやら料理の準備は終わりかけているようだ。下男の表情は、今ごろ宴会場では偉いさん方がおなかをすかして待っているだろう、とつぶやいているようである。絵師は、こういった日常的に見られる裏方の様子を見落とすことなく、スナップ写真を撮るような軽いタッチで描いているのである。

風景画はさらに屠殺場、車庫へとつづく。屠殺場には、皮をはがれた鹿や豚の肉のかたまりがずっしりと天井からつるされているし、白馬や栗毛の馬がうま屋に遊び、二輪の馬車が車庫にきちんと置かれている。この安岳三号墳に限らず、高句麗の古墳からは馬の絵がやたらと目につく。しかもそれらは、他の対象物よりもはるかに繊細でリアルに描かれている。騎馬民族国家の高句麗人たちにとって、馬はもっとも頼もしい友であったのだ。

高句麗の騎馬民族的性格は玄室《げんしつ》東側回廊にもっともよく現れている。騎馬軍団の大行進図だ。それは長さ一〇メートル、高さ二メートルの壁面に描きこまれた軍事一色の大壁画である。隊列の後方に輿《こし》に乗った王の姿が見え、そのかたわらに幕僚たちがつき従っている。先頭は軍楽隊。笛や太鼓の音に合わせて進む威風堂々の行進である。壁面に描かれた将兵の数は二五〇人。しかし、何千にも何万にも感じられる雰囲気だ。なかでも軍馬にまたがった騎馬武者たちの雄姿は圧巻だ。軍馬の数はおよそ三〇頭。全身を鉄製の鎧《よろい》でまとい、頭には馬冑が装着されている。馬上の武者たちも鎧兜《かぶと》に身をかためた一騎当千のつわものたちだ。

高句麗発展の原動力はこの騎馬軍団にあった。人馬ともまっ黒な鉄の鎧で武装した軍団が、名将乙支文徳《ウルチムンドク》指揮のもと隋の三〇〇万大軍を打ち破った事実は、世界戦争史に残る歴史的勝利であった。騎馬軍団あっての高句麗である。この頼もしい騎馬武者たちを黄泉《よみ》の世界にまで連れて行こう、と思いこむ国王の気迫が絵師の筆にのり移り、騎馬軍団は天地をも揺るがす迫力をもって行進しているのである。

壁画に見る高句麗王は実に幸せな人物だ。裕福な暮らしに美しい妻、忠実なしもべに強力な騎馬軍団。そしてさらに、もう一つの大きな誇るべき事実が、この壁画に描かれている。

先に紹介した王と王后の肖像画に戻ろう。側室の入口の壁に主人公夫妻を見守る従者の姿が描かれているが、その男の頭上に、この者が「幽州地方の長官冬寿《とうじゅ》」である、とわざとらしく墨書でしたためられている。幽州とは現在の中国の北京あたり。絵はその地域の長官が墓の主人に従っている光景である。冬寿という人物は、前燕の王慕容に仕えた名声の高い政治家であった。筆を執る絵師は、中国の中原にも名をはせたその冬寿が亡命して、今はわれらが大高句麗国王に臣従しているのだ、とそのことを思いっきり強調したいところであったが、絵筆には限界があっていまいちアッピールに欠ける。そこで、わざわざ補足して書いたのがこの墨書であったのだ。

話を先に進めよう。安岳三号墳に次ぐ古墳壁画がピョンヤンにほど近い南浦《ナンポ》市周辺にある。水《ス》山里《サンリ》古墳・徳興里《トックンリ》古墳・江西《カンソ》三号墳だが、いずれも高句麗中期のもので、風俗画と四神図からなっている。なかでも水山里古墳は日本の研究者にもよく知られている。

水山里古墳は、およそ三メートル四方の正方形の単室で、大規模な安岳三号墳とは比較にならないほど小さな墓である。だが、この古墳は発掘とともに大きな関心を呼びおこした。

壁画は墓の主人公と思われる男女が、数人の供を連れて野遊びをしている光景である。一行の前に技能を披露しながら歩く曲芸の一団がおり、後ろには日傘をさした子どもたちと、着飾った女性の一群が従っている。日本の歴史・考古学者の関心の焦点は着飾った女性たちの衣装にあった。衣装は朝鮮の民族服であるチマとチョゴリ。二人の侍女が白一色のチマであるのに対し、婦人の方はひだごとに白・赤・ピンクと色分けしたチマであった。

その女性の姿が写真となって日本の新聞に掲載されると、多くの研究者たちは、高松塚古墳の貴婦人の再来ではないか、と目を疑ったという。確かにデザインも色彩も高松塚古墳のそれとほぼ同質のものだ。壁面の野遊びの光景も同じ雰囲気をかもし出している。

高松塚古墳が発見されたのは今から三〇年ほど前であった。当初、この古墳の性格についてけ、中国伝来説・日本独自説・高句麗系説などがあったが、いずれも根拠が乏しく推測の域を脱するものでなかった。そこに降って湧いたかのような、水山里古墳壁画写真の発表であるから、形勢は高句麗系説の優勢に傾くこととなった。しかも古墳には、人物風俗画とともに四神図が描かれている。これは五、六世紀ころに見られる高句麗古墳の特徴であるのだ。さらに発掘現場は、当時、高句麗系渡来人が多く住んでいた檜熊という場所だ。熊は高麗であるからすなわち高句麗ゆかりの地といえよう。このような資料をもとにして、高句麗系を主張する研究者たちは、高松塚古墳は水山里古墳と同様の高句麗系古墳であり、古墳の築造者も被葬者も高句麗人である、と結論づけた。しかし、高松塚古墳に対する見解は諸説あって、現在も定まっていない。

人物風俗画にはじまった高句麗古墳壁画は、後期の四神図の登場によって完成をみる。南浦に江西三墓がある。江西三墓には人物風俗画はない。大墓の天上の梁に優美な飛天が舞い、その下には、仏教に由来する蓮華文と唐草文が描かれている。しかしこの古墳の築造の理念は仏教ではない。儒教である。このころの高句麗は、中央集権的貴族国家建設に役だたせようと、中国から儒教思想を積極的に取り入れていた。このとき陰陽《おんみょう》五行説が持ちこまれ、それが四神思想のもとになった。

四神とは東西南北の守り神のことだ。東に青竜、西に白虎、南に朱雀、北に玄武を描いて、被葬者の守り神とした。高句麗の絵師たちは、四神図を地上世界の動物ではなく天上界の想像上の動物であることを示すために、そのあかしとして、青竜と白虎の指を三本に描き、飛翔するさまには炎形の羽根を胸に描き翼を備えさせた。また、青竜と白虎の首には独特の帯を巻いて、それが高句麗固有のものであることを示した。

四神図の最高傑作は江西大墓と中墓の四神図である。それは、素晴らしい構図と調和、華麗な線と色彩で描かれた幻想的でうるわしい天上界の守り神であった。

最近、奈良の明日香村のキトラ古墳に四神図と天文図が描かれている事実が、デジタルカメラなどの調査で明らかになった。時代は七世紀で、描かれたものは四神図と天文図であるから、高句麗後期の古墳壁画と符合する。被葬者や築造者についてはこれからの研究にゆだねられることであるが、その構図や作風からして、それが高句麗的気質を持ち、高句麗古墳築造法と画法を、完璧にまで体得していた専門職の腕によるものであることだけは明らかである。

高句麗は遠くて近い国であった。

●それは謎多い百済王朝の秘密を解く世紀の大発見であった●

武寧王陵

一九七一年六月のある日。忠清南道公州《コンジュ》の史跡公園では、夏の集中豪雨による雨水の浸透から古墳を守るための工事がつづけられていた。それは宋山里《ソンサンリ》古墳群と呼ばれる百済時代の古墳であった。王族のものと思われる墓で、もとは絢爛豪華なものであったようだが、盗掘にあい今は見る影もなく、壁画にいにしえの面影を残すだけであった。しかし百済の歴史的遺産は数少ない。どうしても自然の災害から守らなければならなかった。

排水用の溝を掘りはじめて数日後のこと。石灰混じりの硬い土の層が現れ、それを取り除いてさらに進むと、土を焼いてレンガ状にした薄黒い壁が地表に現れた。それは破壊し尽くされた墓の下にあった。工事に当たっていた現場の関係者たちは、墓の下にこんな立派な壁があるとは考えも及ばなかった。それで現場は大騒ぎとなり、ソウルから専門家が来るまで工事は一時中断された。

専門家の立会いのもとで工事が再会されると、破壊されたのは墓の前室部分だけで、手つかずの墓の本体は密閉されたままであることが分かった。ひょっとしたら、百済の王家の墓がむかしのままの姿で残されているかもしれない。もしそうであったら、謎だらけの百済史解明の大きな手がかりとなる。当時の新聞は気があせったのか、発掘の前に「世紀の大発見」、「歴史が塗り変えられる」とまで報じたし、地元の公州ではよそものに墓を掘らせられない、と発掘反対運動までおきるありさまであった。

発掘が再開されるとまもなくして、墓の羨道《せんどう》の入口から並んで置かれた一対の墓誌石が発見された。墓誌石とは埋葬されている墓主の記録である。墓誌石には次のような文字が刻まれていた。

……寧東大将軍百済王斯麻《サマ》王は、六二歳の癸卯の年に亡くなり、乙巳の年にこの大墓に安葬した……

そしてもう一つの墓誌石には、「百済国の大妃は寿命が尽きて大墓に帰った」、と記されていた。墓の被葬者は斯麻王と妻の王妃であった。が、この斯麻王こそ武寧《ムニョン》王の名で歴史に大きな足跡を残した百済中興の大王であったのだ。

武寧王陵の発見は朝鮮史上もっとも意義深い発見の一つであった。それはほかでもなく、百済の遺跡であったことにある。古代朝鮮三国の一角をなしていた百済は高句麗に次ぐ大国であった。

五〇〇年の歴史と豊かな文化をもち、とくに日本との関係では、その影響なくして奈良時代を語れない、といわれるほどに深いかかわりをもっていた。しかし新羅に破れてからは、盗掘・破壊にさらされ、百済の歴史は文献上でしか見ることができなくなっていた。それが手つかずの古墳の発見であったから、それこそ宝の山を掘り当てたようなものであった。

まずは墓の主である武寧王がどういう人物であったのかを見ることにしよう。

武寧王は百済の九代目の王である。そのころの百済は草創期を脱して国力の充実に努めていた時期であった。長く乱れていた国内を治めた武寧王は、北からの高句麗の圧力をくいとめ、南には伽耶地方の支配権確立のため奔走していた。外交活動も積極的に展開し中国の梁より、「都督百済諸軍事・寧東大将軍・百済王」という官爵号を受けていたし、日本に対しては、五一三年に五経博士を派遣するなど親善を図っていた。

『三国史記』は彼について次のように書いている。

……身長八尺にして眉目は美しく、仁愛・慈愛のこころは広く深く、よって民心よくそれに従う……

また次のようにも書いている。

……高句麗の将軍高老《コノ》が、靺鞨《まっかつ》と組して漢城を侵入するのを知って、兵を送り横岳《フェンアク》にてこれを撃退した……

武寧王は好男子で、すぐれた統率力を持った人物であった。武寧王陵から発掘された数々の遺品は、彼の王としての風貌、百済の王侯貴族の生活ぶりをよくものがたっている。

武寧王の墓は、直径二〇メートル内外の円形墳丘である。そのほぼ中心に玄室があるが、玄室は南北に長い長方形である。周囲は煉瓦状の塼築《せんちく》からなり、四方の壁の上方はアーチ型の天井になっている。

王陵から発掘された遺品の数は一〇八種二九〇六点。それらのなかでとくに目を引くのは、国宝に指定されている王と王妃の金製の冠・金製耳飾り・金製首飾り・金製髪飾り・金製腕輪などであるが、それらは、土俗性が色濃い新羅や勇壮な高句麗文化に比べて、百済の文化が優雅で精錬されていたことを特徴づけるものであった。

遺物のなかには百済史、とりわけ中国と日本との関係を解明するうえで、非常に重要なものがいくつかあった。

中国との関係では、王の腰のあたりに置かれていた一振りの太刀である。太刀は、把頭の環内に竜頭が、柄には鳳凰が透き彫りされている、いかにも厳《おごそ》かな雰囲気をただよわせるものであった。竜と鳳凰は大王の象徴。おそらくそれは、武寧王が「寧東大将軍」の称号を受けたとき、中国の皇帝から下賜されたものと見られる。彼は中国の皇帝の権威で三国の覇権を競っていたのである。

日本との関係は銅鏡に見られる。銅鏡は三枚出土しているが、重要なものは「宜子孫獣帯鏡」である。発見された位置から、それは王の顔をおおうように置かれていたものと推察される。古代史の解明で銅鏡は重要な鍵である。それが権威を表す象徴であるからだ。

武寧王陵出土の銅鏡は、判読に苦しいほどの状態であったことから、長らく手づかずにおかれていたが、特殊撮影器とコンピュータグラフィックを通して、最近になってその正体が明らかになった。それで、その正体とは？

驚くべきことに、何とそれは、日本のあの仁徳天皇陵出土の銅鏡と酷似しているものであるということである。形や大きさはもちろんのこと、鏡の裏面に描かれた雲の模様、青竜・白虎・朱雀・玄武、太陽の象徴である三つ足の烏まで。それらは似ているというものではない。瓜二つであったのだ。

そこで、この二つの銅鏡がどこで作られたものかが問題となった。日本なのか、朝鮮なのか、あるいは、中国なのか。百済で作られたものが日本に渡ったものとも、日本で作られたものが百済に渡ったものとも考えられる。しかし、中国でないことははっきりしている。同様のものが中国では出土してないからだ。

どこで作られ、それがどこに渡ろうと大した問題ではない、という考えもあるかもしれない。しかしそうでもない。銅鏡の流れは主従の関係を明らかにするうえで大変重要な鍵となるのだ。

この問題に対してはさまざまな見解があっていまだ定説というものがない。しかし、当時の歴史の推移からみて、百済で作られて日本に渡ったとみるのが妥当である、というのが常識的な見方である。

『日本書紀』は神功皇后五二年条に、百済が日本に七子鏡一面を献上した、と書いている。また、同じ年に、百済が日本に七支刀を献上した、とも書いている。七支刀は刀身の左右から三個ずつ両刃の枝刀を交互に出した形の刀である。鏡も刀も王権の象徴である。

「献上」とは、差し上げること、奉ることであるから、百済が大国日本に奉納したかのように考えられるが、これは明らかに『日本書紀』の記述のミスである。文化は高いところから低いところに流れるものであり、王権もしかり。上から下にくだされるものであるのだ。

百済の日本との関係は、王仁・阿直岐などが、『千字文』や『論語』を持って日本に渡った四世紀以来のことである。その後も、多くの百済の王族や貴族・僧侶が仏像や経典などを持って渡った。役目を終えて帰っていったものもいたが、道深《トシム》をはじめ一六名の僧侶などは日本に常駐して仏教の普及に努めている。

応神天皇と仁徳天皇の時代は、百済系渡来人である蘇我《そが》氏が実権を掌握していた時代である。豪族であった東漢《やまとのあや》氏も秦《はた》氏も百済系であった。『続日本紀』は当時の飛鳥は十人中九人が渡来人であったと書いている。彼らにとって百済は祖父の国であったから、親族のようにこころおきなく温かく迎えたのであろう。

俗説であるが、百済を「クダラ」と呼ぶのは、朝鮮語の「クンナラ」、つまり「大国」か「宗主の国」という意味に由来するという。実際、彼らはそのような意識をもって百済に接していたのかもしれない。一方、百済にとっても日本は他国でない。同属が支配する安らぎの場所であった。ほとんどが百済系であったから、ことばも気ごころも通じていたはずだ。

そこで、もし、銅鏡が百済で作られて日本に渡ったものであるとするならば、その目的は何であったのだろうか。

武寧王が朝鮮三国の覇権を競っていた人物であったことを思いおこせば、その答えは明快である。中国皇帝をうしろ盾にして、北方の高句麗をけん制しながら、南部の伽耶地方に進出していた彼には、日本の百済系の政権である大和朝廷を組み入れて同盟関係を結ぶ必要があったのだ。本軍である百済が北から攻め込《こ》み、大和の援軍が南から退路を断てば、伽耶の壊滅は火を見るように明らかであったのだ。ひょっとしたら彼は新羅の攻略も視野に入れていたのかもしれない。

そのためには、彼自身が中国の皇帝から宝刀を授かったように、大和朝廷に対しても銅鏡を授け、それを同盟のあかしとしなければならなかったのである。

武寧王陵にはまだ多くの秘密が隠されている。

●関連略年表

時代（概略）		
朝鮮	中国	日本
古朝鮮、楽浪郡、馬韓、辰韓、弁韓	漢	縄文・弥生・古墳時代
	晋	
高句麗、百済、新羅、加羅（伽耶）	南北朝	
	隋	
統一新羅、渤海	唐	奈良時代
高麗	五代	平安時代
	宋	
	南宋	鎌倉・室町時代
	元	
朝鮮王朝	明	江戸時代
	清	

西暦	事項
前三〇〇〇	檀君、古朝鮮開国
前一〇〇	東明王、高句麗建国、つづいて百済・新羅・加羅、建国
三九一	高句麗、広開土王即位
四二七	高句麗、ピョンヤンに遷都
	このころから壁画古墳はじまる
五〇一	百済、武寧王即位
五六二	加羅、新羅に滅ぼされる
六一二	高句麗、隋軍を打ち破る
六四七	新羅、瞻星台を建てる
六六〇	新羅・唐軍、百済を滅ぼす
六六八	新羅・唐軍、高句麗を滅ぼす
六九九	大祚栄、渤海を建国
七五一	新羅、仏国寺を建立
七二七	恵超、『往五天竺国伝』を執筆
九一八	王建、高麗王朝を開く
九三六	高麗、朝鮮半島の統一を完成
九五八	科挙制度を制定
一一二二	高麗人参の栽培はじまる
一一二三	『高麗図経』、高麗青磁を翡色と表す
一一四五	金富軾、『三国史記』を編纂
一二二三	倭寇の侵略はじまる
一二三一	モンゴルの侵略はじまる
一二三四	金属活字本『詳定古今礼文』を発行
一二三六	『八万大蔵経』の制作はじまる
一二八七	一然、『三国遺事』を編纂
一三二九	文益漸生まれる
一三七七	崔茂宣、火薬武器の開発はじめる
	高麗政府、「火筒都監」を設置
一三九二	李成桂、朝鮮王朝を開く
一四一三	『太宗実録』を編纂
一四四六	『訓民正音』の公布
一五九二	豊臣秀吉の第一回侵略
一五九七	豊臣秀吉の第二回侵略
一六一〇	許浚、『東医宝鑑』を大成する
一六一七	第一回朝鮮通信使往来
一六二七	清国の侵略を受ける

西暦	事項
一六五〇	このころより実学がおこる 以後、実学全盛時代を迎え、『春香伝』など大衆文芸が盛んとなる
一七一八	『山林経済』を出版、唐辛子の栽培法を説く
一七八五	西学を禁じる
一八四〇	このころから外国の異様船出没しはじめる
一八六一	金正浩、『大東輿地図』を完成
一八七六	江華島条約
一八八四	甲申政変
一八九四	日清戦争
一九〇四	日露戦争
一九一〇	韓国併合条約

主要参考文献

『朝鮮文化史』　社会科学院歴史研究所　一九七七年
『朝鮮全史』　社会科学院歴史研究所　一九七九年
『歴史事典』　社会科学出版社　一九七一年
『朝鮮歴史講座』　朝鮮青年社　一九九三年
『朝鮮文化史』　金哲央　太平出版社　一九八五年
『韓国の古都を行く』　李進熙　学生社　一九九四年
『日本文化と朝鮮』　李進熙　日本放送出版協会　一九九五年
『韓国の遺産二一』　李ジョンホ　セロウンサラム　一九九九年
『歴史風俗紀行』　李イファ　歴史批評社　一九九九年
『世界最高のウリ文化遺産』　カルチャライン新書　二〇〇一年
『韓国の商術』　金ハノ　図書出版トウリ社　一九八九年
『韓国百科』　秋月望・丹羽泉　大修館書店　一九九七年
『特別な韓国人』　朴ヨンギュ　ウンジンダッコム　二〇〇〇年

『韓国の歴史散歩』　山川出版社　一九九一年
『新・木綿以前のこと』　永原慶二　中央公論社　一九九〇年
『韓国と日本方程式』　二一世紀文化研究会　サムソン研究所　一九九六年
『韓国人と日本人』　金溶雲　図書出版ハンギル社　一九七六年
『食文化の中の日本と朝鮮』　鄭大声　講談社現代新書　一九九二年
『韓国の知恵』　金徳亨　瑞文文庫　一九七八年
『朝鮮儒教の二千年』　姜在彦　朝日新聞社　二〇〇一年
『朝鮮を知る事典』　下中直人　株式会社平凡社　一九九八年
『知っておきたい韓国・朝鮮』　歴史教育者協議会　青木書店　一九九七年
『韓国科学技術史』　全相運　高麗書林　一九七八年
『韓国史百場面』　朴ウンボン　図書出版ガラム企画　一九九三年
『韓国』　金両基　株式会社新潮社　一九九七年

朝鮮民族《ちょうせんみんぞく》の知恵《ちえ》

2003年 2 月25日　初版発行

著者紹介

朴《パク》　禮緒《レソ》

1940年3月　愛知県一宮市に生まれる

愛知朝鮮中・高級学校を経て、朝鮮人学校文学部に学ぶ

朝鮮文化史専攻

現在　綜合文化研究所主任研究員、朝鮮大学校非常勤講師

著書

『同胞生活とウリマル』朝鮮新報社　1993年

『同胞冠婚葬祭のマニュアル』朝鮮新報社　1998年

発行者　村上佳儀

発行所　株式会社雄山閣

東京都千代田区富士見2-6-9　〒102-0071

TEL　03-3262-3231／FAX　03-3262-6938

振替　00130-5-1685

印　刷　株式会社 秀巧堂

製　本　協栄製本株式会社

乱丁・落丁はお取り替え致します。

ISBN4-639-01790-1 C1022